RECUEIL
DE
VOYAGES
INTERESSANS
POUR L'INSTRUCTION ET L'AMUSEMENT
DE LA JEUNESSE
Par Mr. CAMPE.
Traduit de l'Allemand.

TOME SIXIEME.

A FRANCFORT SUR LE MEIN
Chez JEAN PHILIPPE STRENG.

MDCCXCIII.

PRÉFACE.

Je n'ai autre chofe à dire dans cette préface, fi ce n'eft d'expliquer en deux mots la raifon qui m'a porté à donner l'extrait des voyages & des découvertes dont Hawkesworth a écrit la relation, avant celui de voyages plus anciens; car le préfent volume contient la fin du dit extrait. Un paffage du jugement porté fur mon ouvrage dans la *Bibliothéque univerfelle germanique*, rend cette explication néceffaire.

J'ai annoncé le but de la *collection de voyages* que je publie, dans la préface du premier volume. Je prétends

conduire mes jeunes lecteurs fucceffi-
vement dans toutes les contrées de
l'univers & dans tous les pays connus,
fans m'aftreindre à aucun ordre chro-
nologique, & en me fervant a cet effet
des meilleures & des plus intéreffantes
relations de voyages que nous ayons.
Dans cette vue, j'ai jugé auffi convenable qu'utile, de leur mettre fous les
yeux quelques voyages autour du globe, pour leur donner en quelque forte
une idée de fon enfemble, avant d'entrer dans les defcriptions particulieres
de différens pays. On fent bien que
je n'ai pu trouver les anciens voyages
autour du monde fort propres à mes
autres vues, puisqu'ils font tous égal-
lement dénués d'intérêt & flériles en
obfervations inftructives. Je me fuis
donc vu obligé de les abandonner, &

d'avoir recours à la collection de Hawkesworth.

Il est vrai que Mr. Pabst a déja employé les mêmes voyages à l'usage des enfans. Mais cela n'a pas dû m'empêcher de les approprier à l'usage de l'adolescence.

L'Auteur du Jugement porté sur le troisieme volume de cette collection, dans le même Journal-littéraire, me reproche aussi d'avoir induit cet écrivain, à donner à sa Découverte de la cinquieme partie du monde la même forme que j'ai donnée à mon *Robinson* & à ma *Découverte de l'Amérique.* Mais je ne puis regarder tout cela que comme une plaisanterie de sa part. Je n'ai pas l'honneur de connaître Mr. Pabst, & il ne m'a pas demandé mon avis, lorsqu'il s'est mis à écrire son ouvrage. S'il l'eût fait, je lui aurais affurément confeillé, de travailler plûtôt à fa propre manière que d'après celle d'autrui; des imitations dans ce genre ne peuvent que rarement réuffir.

Bronswik. Mars. 1789.

L'Auteur.

Fin

FIN DE LA RELATION

D'UN

VOYAGE
AUTOUR DU MONDE

FAIT PAR

Mr. C O O K,

Capitaine de vaiffeau au fervice d'Angleterre

avec

Mrs. BANKS ET SOLANDER,

gens de lettres,

durant les années 1768 à 1771.

VI.   A

À la fin du cinquiéme volume, nous avons laiſſé nos voyageurs ſur la côte d'un pays, qu'on avait découvert, il eſt vrai, dès 1642, mais qui n'en était pas moins reſté inconnu ou autant vaut, jusqu'à ce que notre ami Cook en fit le tour. Ce fut Abel Janſen Tasmann, navigateur hollandais, qui le découvrit le premier. Il le nomma Pays-des-Etats; mais ce nom ne lui eſt pas demeuré, puisqu'àpréſent on l'appelle généralement la Nouvelle-Seelande. C'eſt auſſi ſous cette dénomination que ce pays ſe treuve marqué dans notre carte. Voyez le 3me. Volume de cette collection.

Tasmann ne vifita qu'une petite partie
des côtes de ce pays, & aucun navigateur
n'y revint après lui. Cook fut le premier,
qui en fit tout le tour, & qui trouva qu'il
confiftait en deux grandes isles féparées
par un canal ou détroit. On évalue le con-
tour de ces deux isles à huit cens lieues
marines.

Mes jeunes lecteurs fentent donc, qu'il
vaut bien la peine d'apprendre à connaitre
un peu plus en détail un pays auffi confidérable, nouvellement découvert. Je penfe auffi, que ce qu'ils en ont lu dans le
cinquieme volume de la préfente collection,
n'aura pas médiocrement excité leur curiofité. Je ne prétends donc pas les arrêter plus longtems, & je vais faire continuer fa narration interrompue, à l'homme
immortel auquel nous devons cette découverte importante, ainfi que tant d'autres.
Cook va parler! — En faut-il davantage
pour exciter & fixer l'attention de nos
jeunes lecteurs ?

17.

Navigation de Tolaga; golf[illegible]
côte orientale de la Nou[illegible]
vers la baie Mercure dans le même[illegible]
Rélation d'événemens remarquables avec
des observations

Nous quittâmes la baie de Tolaga le 30. Octobre 1769, & nous cinglâmes de nouveau vers le Nord en longeant la côte. Je me flattais que la bonne intelligence qui avait commencé à s'établir entre les indigenes & nous, & la derniere des preuves réitérées que nous avions données de notre amour pour la paix, malgré la supériorité de nos forces, se répandraient dans toute la contrée, & nous procureraient par tout un accueil amical. Mais c'eſt en quoi je me trompais. Il arriva malheureuſement, & j'oſe le dire, ſans notre faute, encore pluſieurs événemens fâcheux, durant cette navigation, entre les Indiens & nous, qui finiſſaient cependant toûjours, comme on peut le croire, au désavantage

des premiers. J'en pafferai plufieurs fous
filence, parce qu'ils font peu importans,
& je me contenterai de raprorter l'aven-
ture fnivante à mes jeunes lecteurs :

Un matin, nous vîmes une foule de canots démarrer, & venir à nous. Nous
n'en comptions pas moins de quarante-
cinq. Il y en eut fept, qui s'avancerent
tout près de notre vaiffeau. Les gens qui
es montraient s'entretinrent quelques tems
avec notre ami Tupia ; ils nous vendirent
enfuite quelques moules & quelques crabbes, & fe montrerent affez de bonne foi
dans leur commerce. Enfuite d'autres Indiens d'une autre contrée furvinrent, fou-
haitant également d'entrer en négoce avec
nous. Nous y confentîmes, & ils fe conduifirent d'abord comme les autres. Mais
bientôt ils commencerent à prendre ce que
nous leur tendions, fans vouloir nous donner en échange les denrées dont nous
étions convenus. Nous eumes d'abord
quelque indulgence pour leur malice, &

nous n'y fimes pas attention. A la fin cependant, un de ces Indiens, que nous menacions pour un pareil procédé, qu'il s'étoit permis, s'avifa de nous répondre par un éclat de rire, voulant s'enfuir en même tems avec la marchandife volée. Alors nous lui fimes voler une balle par deffus fa tête, pour lui donner à connaître, qu'il ne dépendait que de nous de le punir quand nous voudrions. Cela produifit l'effet que nous en attendions: il revint d'un air plus férieux ; le commerce recommença & fe continua dans le plus grand ordre.

Après que, de cette maniere, tous nos officiers & nos compagnons de voyage eurent acheté une provifion fuffifante de poffons ; nous permîmes aus gens de l'équipage de paffer fur l'échelle du vaiffeau, & de trafiquer pour leur compte. Par malheur on n'eut plus le même foin d'éviter les fupercheries, ce qui engagea les Indiens à prendre des libertés encore plus grandes qu'auparavant. Entre autres un de leurs canots ayant vendu toute fa charge, & allant s'éloigner, les gens qui le montaient apperçurent une piece de toile fufpendue à côté du vaiffeau, & que nos gens y avaient attachée pour la fécher. L'un de ces Indiens la détacha fans cérémonie, en fit un rouleau, & s'éloigna avec fes compagnons. On ne manqua pas de leur crier, qu'ils euffent à rendre ce qu'ils avaient volé; mais envain! Le fauvage ne répondit à nos menaces que par un rire moqueur. Là-deffus on lui tila une balle par deffus la tête; mais bien loin qu'il n'en tint aucun compte, cela n'interrompit pas même fes éclats de rire. On jugea alors, à caufe des conféquences, que fon action méritait d'être châtiée. On lui tira donc un coup à dragée, dont il reçut quelques grains dans le dos. Nous remarquâmes alors en lui quelque frémiffement; mais d'ailleurs il n'en fit pas plus de cas qu'un de nos gens qui aurait reçu un coup

de verges ; & il continua tranquillement
à rouler fa toile.

Cet accident engagea cependant les autres Indiens à fe retirer avec leurs canots
à la diftance d'environ cinquante toifes de
notre navire ; après quoi ils entonnerent
tous leur chant de défi, qu'ils prolonge-
rent affez longtems. Ils en tinrent cependant là, & ne jugèrent pas à propos de
hazarder une attaque férieufe. Quant à moi,
je penfai alors, que, fi je leur paffais ainfi
abfolument leur infolence, cela pourrait
les rendre eux mêmes, ou d'autres, encore plus audacieux ; & je refolus de leur
montrer au moins jusqu'à quelle diftance
nos armes pouvaient les atteindre. Je fis
donc un peu virer le vaiffeau, & j'ordonnai qu'on tirât de leur côté un boulet de
quatre livres à la portée de deux cens toifes, de manière, qu'il paffât leur vue ;
en effet, le boulet rafa la furface de l'eau, &
bondit à plufieurs reprifes, bien loin au de-
là des canots. Cette vue leur infpira une

telle frayeur, qu'ils s'éloignerent à force de rames, sans même regarder une seule fois en arriere.

La nuit suivante le fond baissa tout à coup' de 17 à 10 brasses. Je fis revirer promptement de bord & avant de continuer ma route j'attendis le point du jour. Ce fut là certainement une bonne précaution! Car le lendemain, quand nous eumes remis à la voile, nous vîmes plusieurs écueils devant nous, dont quelques-uns s'étendaient jusqu'à la surface de l'eau, tandis que d'autres y étaient cachés. Cependant il faisait jour; nous appercevions le danger; ainsi nous réussîmes à l'éviter & nous passâmes heureusement tous ces écueils; mais si nous eussions continué notre route dans les ténebres, nous aurions vraisemblablement péri.

Dans la même matinée, nous vîmes le long de la côte un grand nombre de canots, dont quelques-uns tâchaient de nous joindre. Il n'y en eut pourtant qu'un qui

y parvint, parcequ'il allait à la voile. Nous
y remarquâmes entre autres un Rodomont
indien, dont nous avions déja eu l'honneur de faire la connaiſſance en une autre
occaſion, où il nous avait jetté des pierres. Ses compagnons & lui commencerent, comme ils avaient fait alors, par entrer en converſation avec Tupia. Auſſi
nous attendions-nous à être accueillis,
lorsqu'il en ferait tems, comme la pre-
miere fois, ſans en être pourtant fort in-
quiets; car il ne pouvait en méſarriver
qu'aux fenêtres de la cahutte. En effet, ce
que nous avions prévu arriva. Ces braves après s'être entretenu environ une
heure avec nous, en ſe conduiſant d'une
façon fort paiſible, nous firent la politeſ-
ſe à laquelle nous nous attendions; &
nous y répondîmes par un coup de mouſquet, uniquement afin de les effrayer. Ils
nous quittèrent alors, très ſatisfaits &
tout fiers, à ce qu'il nous parut, d'avoir
montré leur courage en hazardant deux

fois une attaque contre un navire auffi fupérieur au leur. Hélas! il nous aurait été
bien facile de leur faire payer de leurs vies
cette bravade, fi notre refpect pour l'humanité en général, ne les eût mieux mis
à couvert de nos coups, que leur courage.

En avançant, nous arrivâmes à une contrée, dont la côte était plus baffe. Les
environs en formaient une plaine ouverte,
& offrant partout à la vue des champs
cultivés & des villages. Ces villages étaient
plus grands que tous ceux que nous avions
vus jusqu'alors, bâtis presque tous fur des
hauteurs voifines de la mer, & fortifiés
du côté de terre par un foffé & un rempart, dans l'enceinte duquel s'étendait
tout autour encore une rangée de palifia-
des. C'eft alors que nous découvrîmes
clairement, que les emplacemens bordés
de haies, que nous avions vus ci-devant
fur un grand nombre de hauteurs, étaient
fans doute des habitations fortifiées de la
même manière, & nous en conclumes que

ces peuples vivaient entre eux dans un état de guerre continuel, puisque partout ils avaient cru devoir faire une forterelle de leurs demeures. Il faut regarder les dangers & la mort avec autant d'indifférence que ces fauvages là, pour pouvoir vivre un feul moment, tranquille & fatisfait dans un pareil pays.

Le lendemain, trois canots chargés de vingt-un Indiens quitterent le rivage pour venir à nous. Ces canots étaient conftruits avec plus de fimplicité que tous ceux que nous avions vus jusqu'alors. Ils ne confiftaient qu'en un feul arbre, creufé par le moyen du feu. Du refte il n'y avait aucune efpece d'ornemens ni de commodités. Les hommes qui les montaient étaient presque tout nuds, & paraiffaient d'un brun plus foncé que les autres. Cependant tout nuds & miférables qu'ils étaient, ils entonnèrent leur chant de guerre, & prirent en même tems un air fi martial, qu'on eût cru notre mort inévitable. Ils n'en reſtèrent pas moins à plus d'un jet de pierre de diſtance du vaiſſeau; enfin ils approchèrent, tout en baiſſant leur ton menaçant. Un de nos gens alla alors ſe placer en dehors du vaiſſeau, dans le deſſein de leur jetter une corde, pour y monter s'ils en avaient envie. Ils répondirent à cette invitation amicale en vrais Séelandais, c'eſt à dire en lui lançant un javelot, mais par bonheur ils le manquèrent. Peu ſatisfaits de cela, ils lui en lancèrent un ſecond, ce qui nous obligea, pour éviter d'autres désagrémens, de les effrayer par un coup de fuſil. L'effet en fut tel que nous l'attendions; nos bravaches nous quittèrent, & nous ne les revîmes plus.

Sur le ſoir, nous parvinmes à une baie où nous entrâmes pour y mouiller, ou y jetter l'ancre. Je la nommai dans la ſuite la baïe-Mercure, & c'eſt ſous ce nom que le jeune lecteur la trouvera ſur la carte.

En un moment nous fumes environnés d'une foule de canots, dont ceux qui les montaient reſſemblaient à tous égards aux Indiens que nous avions vus en dernier lieu. Pendant quelque tems, ils ſe conduiſirent d'une façon fort honnête & paiſible. Dans le tems qu'ils tournaient ainſi autour de nous, un de nos gens tira un oiſeau, qui nageait ſur l'eau : nous crûmes que cet événement les étonnerait : mais nous nous trompâmes. Au contraire, ils retirerent l'oiſeau hors de l'eau, ſans témoigner beaucoup de ſurpriſe, & le lierent au lacet d'une ligne pendue à l'arrière du vaiſſeau, pour que nous puiſſions le monter. Cette action officieuſe exigeait quelque reconnaiſſance de notre part ; & en effet nous leur fimes paſ-ſer un morceau de drap.

Mais la ſuite nous prouva bientôt, que ni l'effet de nos armes à feu, ni notre gratitude pour le ſervice rendu, n'avaient beaucoup agi en notre faveur. Car dès qu'il commença à faire ſombre, ils recommen-cèrent de nouveau leur chant de guerre, comme ſi de rien n'était, & tâchèrent en-

fuite d'enlever la bouée de notre ancre. a)
Il m'eſt impoſſible de dire avec certitude,
pourquoi ils avaient cru devoir faire précé-
der cette tentative d'un chant de guerre.
Peut-être qu'une longue habitude leur
a-t-elle fait un beſoin, de ſe donner du
courage en chantant, dès qu'il s'agit d'une
action qui en demande le moins du monde.
Peut-être auſſi qu'ils regardent comme in-
juſte d'entreprendre la moindre hoſtilité contre des gens avec qui ils ont vécu jusqu'a-
lors en bonne intelligence, ſans les en avertir en quelque manière, & ſans leur annoncer au moins par ce chant de guerre, qu'on
va rompre l'amitié & la paix avec eux. S'ils
en agiſſent ainſi par cette derniere raiſon,
les ſauvages de cette contrée marquent ſur
ce point des ſentimens capables de faire
honte à bien des Européens des plus policés; car n'arrive-t-il pas très-ſouvent parmi

a) On nomme ainſi une piece de bois, qui
ſurnage là où l'ancre eſt fixé, & qui doit
marquer l'endroit où il ſe trouve.

nous, qu'on nous témoigne en face des fentimens d'amitié & d'eſtime, tandis qu'on immole notre bonne réputation en notre abſence, ou qu'on cabale pour nous perdre?

Afin de les effrayer & de les détourner ainſi de leur deſſein nous eumes recours à notre moyen ordinaire: c'eſt à dire que nous tirâmes quelques coups de fuſil ſans leur faire du mal. Mais pour cette fois cela fit un effet diamétralement oppoſé. Ces coups parurent bien plutôt les exciter à la colère, que leur inſpirer de l'effroi. Ils s'éloignèrent de nous, il eſt vrai; mais ce fut en nous menaçant de revenir le lendemain & de nous égorger tous. En même tems ils détachèrent un canot vers une autre contrée pour chercher du renfort; & ils nous dirent eux-mêmes, que c'était dans la vue d'exécuter leur deſſein avec un ſuccès d'autant plus infaillible.

La franchiſe avec laquelle ils nous dirent toutes ces choſes ſemblait annoncer

une forte de magnanimité & de courage.
Mais la conduite qu'ils tinrent après cela,
je l'avoue à regret, répondit fort mal à la
bonne opinion que cela nous avait donné
d'eux. Car dès la nuit close, nous croyant
enfévelis dans un profond fommeil, ils
tentèrent de nous furprendre. Dans cette
vue ils s'approchèrent du vaiffeau ; mais
contre leur attente ils nous trouverent éveil-
lés ; & ils jugèrent qu'il valait mieux fe
retirer fans faire aucun bruit, pour attendre que nous fuffions endormis. Cette attente cependant fut encore déçue. Lorsqu'ils revinrent pour la feconde fois, ils
nous trouvèrent encore fur nos gardes,
& ils fe retirèrent par conféquent auffi dou-
cement que la première.

Alors ils attendirent le retour du jour,
pour exécuter à force ouverte, ce qu'ils
avaient en vain tenté par le myftère & par
l'artifice. Dès le point du jour, nous vîmes arriver au moins douze canots, por
tant felon notre calcul environ cent cin-

quante

quante hommes, tous armés de piques, de
javelots & de pierres. Tupia reçut ordre
de leur faire des repréfentations, avant
qu'ils vinffent fe placer tout près de nous;
ce qui donna lieu à des pourparlers entre
lui & ces Indiens ; cette converfation paraiffait tantôt paifible & tantôt animée.
Enfin, au lieu de nous faire la guerre,
ils confentirent à entrer en liaifons de commerce avec nous. Nous leur offrîmes de
leur acheter leurs armes, & il y en eut
qui confentirent à nous les céder.

L'échange des deux premières armes
qu'ils nous vendirent, fe fit fort honnêtement; mais lorsqu'ils eurent reçu le prix
convenu pour une troifième; ils refufe-
rent de nous la faire paffer, & la remirent
une feconde fois en vente. Notre indulgence foutint cette épreuve: nous leur en
payâmes le prix une feconde fois. L'arme
n'en paffa cependant pas mieux entre nos
mains: & ils eurent l'imprudence d'en demander le prix pour la troifième fois.

V I.   B

C'était pouffer l'injustice & l'audace au delà des bornes où la prudence nous permettait de les supporter. Nous accompagnâmes donc notre refus de quelques gestes d'indignation, auxquels nous joignîmes des menaces. Mais que nous en revint-il? le fripon se moqua de nous, & s'éloigna avec toutes fortes de geftes comiques de mépris & d'audace à quelques toifes de notre vaiffeau. Je m'étais propofé de paffer cinq à fix jours dans cette baie, pour faire une obfervation aftronomique qui m'intereffait, & cela me fit penfer, que, pour prévenir des malheurs futurs, je devais montrer à ces gens dans cette occafion, que nous n'étions pas d'humeur à fouffrir qu'on nous offenfât impunément. Je fis tirer en conféquence quelque petit plomb fur le voleur. & une balle de fufil dans le fond de fon canot. Tout ce qui en réfulta, ce fut que le bleffé s'éloigna encore d'environ cinquante toifes de notre vaiffeau.

Ce qui nous furprit le plus dans cette af
faire, ce fut de voir, que les gens des autres can ots s'embaraffaient auffi peu de
leur compatriote bleffé, que fi de rien
n'eût été, quoiqu'il faignàt abondamment.
Ils revinrent au vaiffeau, & continuerent
leur trafic avec la derniere indifférence.
Cela prouve bien, à quel point les fentimens d'attachement & d'amitié doivent
être faibles chez ces hommes incultes.

Ils nous vendirent encore plufieurs de
leurs armes, & furent affez long ems fans
tenter la moindre fupercherie. A la fin,
l'un d'entre eux s'avifa de s'éloigner avec
deux morceaux de drap, fans délivrer l'arme, pour laquelle on les lui avait remis.
On lui tira un coup de fufil. mais par bonheur la balle ne toucha que le canot, tout
prés de la furface de l'eau, de façon qu'elle en perça les deux bords. Sans le rendre
plus honnète. cela l'engagea uniquement
à fuir. Il fe mit à ramer de toutes fes forces pour s'éloigner, & les autres canots

le fuivirent avec la même vîreffe. Alors pour leur montrer notre fupériorité fur eux, nous leur tirâmes encore un boulet de canon par deffus la tête.

Le lendemain matin les indigenes revinrent vers le vaiffeau ; & nous vîmes, à notre grande fatisfaction, que leur conduite était toute différente de celle de la veille. Il y avait parmi eux un vieillard, dont la prudence & l'honnêteté nous avait déja frappés auparavant. Il fe nommait Tojava, & paraiffait un perfonnage de diftinction. Durant le trafic que nous avions fait le matin précédent avec fes compatriotes, il s'était comporté d'une manière fage & décente. Il était refté pendant tout ce tems là, dans un petit canot tout à côté du vaiffeau, & il avait toujours traité nos gens de maniere à montrer qu'il ne voulait pas les tromper, & qu'il ne craignait nulle fupercherie de leur part. Cela nous engagea à l'inviter de venir à notre bord ; & après quelques encouragemens il accepta notre invitation. Un de ſes compagnons y monta avec lui. Ils me ſuivirent dans la cahute, où je leur donnai à chacun un morceau de drap d'Angleterre & quelques cloux. Ils nous témoignerent que leurs compatriotes nous craignaient; mais nous les aſſurâmes, que nous les traiterions toujours avec amitié, pourvu qu'ils ſe conduiſiſſent paiſiblement, & que nous ne déſirions rien de leur part, ſi non l'établiſſement d'un trafic honnête entre nous.

Depuis ce tems là nos liaiſons avec les indigènes recommencerent ſur un pied pacifique & amical. Tantôt nous allions les voir à terre, tantôt ils venaient dans leurs canots à notre bord. Notre trafic avec eux, ſe faiſait d'une façon très réglée, & roulait principalement ſur des poiſſons. Ils nous en apporterent une quantité ſi prodigieuſe, que nous en ſalâmes une partie. Mrs. Banks & Solander travaillaient cependant avec grand ſoin à leur beſogne à terre

re; & ils recueillirent une grande quantité de plantes tout-à-fait inconnues. Dans
leurs courfes, ils eurent occafion de voir
un lieu où les indigénes avaient paffé la
nuit. Leur couverture confiftait en quelques légers branchages. Les femmes &
les enfans fe plaçaient par terre dans l'emplacement le plus éloigné de la mer; &
les hommes en demi cercle autour d'eux,
ayant leurs armes appuyées aux arbres
les plus proches, de manière, qu'on
voyait bien, qu'ils craignaient une furprife de quelque ennemi voifin. Quelle
vie que d'être toujours en guerre, & jamais en fûreté!

Un jour que j'étais allé moi-même à
terre avec plufieurs de nos compagnons
de voyage, & avois laiffé le commandement du vaiffeau à Mr. Gore, mon fecond
lieutenant, nous fûmes fubitement effrayés par un coup de canon tiré à bord.
Voici le rapport qu'on me fit de ce qui
y avait donné lieu:

,,Pendant que quelques canots trafi-
quaient avec les gens de l'équipage, on
vit approcher deux bâtimens fort grands
& montés d'un grand nombre d'Indiens.
L'un avait quarante-quatre hommes à bord,
tous armés de lances, de javelines & de
pierres ; & l'on voyait bien qu'ils n'a-
vaient pas des intentions fort pacifiques.
Ils paroiſſaient venir d'une contrée éloignée, & n'avoir aucune connaiſſance de
la ſupériorité de nos armes. Cependant
les autres Indiens, avec lesquels ils en-
trerent d'abord en converſation, leur en
donnerent apparemment une idée ; car
ils ne ſe hazarderent pas à nous attaquer.
Enfin ils voulurent bien faire quelque
commerce avec nous. Quelques-uns nous
offrirent leurs armes, & l'un d'entre eux
une piece d'étoffe, qui forme une partie
de leur habillement & qu'ils nomment
Haahow. Mr. Gore en eut envie ; le
marché fut bientôt conclu, & l'on en
donna le prix au ſauvage, ſavoir un cou-

pon de drap d'Angleterre. Mais à peine
l'eût-il reçu, qu'il refufa de donner le
fien, & qu'il s'éloigna du vaiffeau. On le
menaça en conféquence, & là-deffus il fe
mit à chanter la chanfon de guerre. Ses
compagnons l'accompagnerent, & tous
fe mirent à brandir leurs rames d'un air
menaçant. Mr. Gore regarda cela comme
un défi de fe faire juftice à lui-même, s'il
pouvait. Il l'accepta malheureufement; &
faififfant un fufil chargé à balle, il en tira
le coup contre ce voleur, qu'il étendit
roide mort fur la place. A peine l'Indien
fut-il abbattu, que tous les canots prirent
la fuite. Mais comme ils fe tenaient encore à une certaine diftance, & qu'on
craignait qu'ils n'euffent des deffeins ho-
ftiles, on tira un coup de canon du vaiffeau,
pour achever de les écarter, & mettre
en fûreté la chaloupe qu'on voulait envoyer à terre. Ce coup produifit l'effet de-
firé. "

Lorsque la nouvelle de cet accident fut arrivée au rivage, les Indiens qui se trouvaient avec nous en furent effrayés, & se retirèrent tous en une troupe. Nous leur expliquâmes la cause de cet accident fâcheux, sur quoi ils revinrent, en approuvant notre procédé, & ils nous firent entendre, que l'homme que nous avions tué n'avait eu que ce qu'il méritait.

Vers le soir, nous assistâmes à un soupé des Indiens, consistant en différens poissons, en crabbes & en oiseaux, en partie rôtis au bout d'un bâton, & en partie étuvés dans un trou chauffé à la manière d'Otahcite.

A cette occasion, nous vîmes une femme, célébrant le deuil d'un de ses parens, à la manière du pays. Elle était assise à terre avec les autres; mais personne de la compagnie, à l'exception d'un seul homme, ne semblait faire la moindre attention à elle. Les larmes lui coulaient sans cesse le long des joues; & elle repetait à demi-voix & d'un ton fort trifte, des paroles, que Tupia lui-même ne com-prenait pas. A la fin de chaque ftrophe, elle fe déchirait les bras, le vifage, ou le fein, avec un coquillage acéré, qu'elle tenait à la main. Elle y allait d'une telle force, que nous la vîmes presque toute couverte de fang, & cela formait réelle-ment le fpectacle le plus douloureux qu'on pût imaginer. Cependant les entaillades qu'elle fe faifait ne paroiffaient pas auffi profondes, que celles que s'étaient faites quelques-unes de fes compatriotes, à en juger par les cicatrices qu'on leur voyait aux bras, aux cuiffes, aux joues. & fur le fein, & dont on nous dit que c'étaient les traces de bleffures, qu'elles s'étaient faites elles-mêmes, pour exprimer leur tendreffe & leur douleur.

18.

Suite du féjour à la baie Mercure. Départ pour la baie des Iles, fur la même côte.

Nous apperçûmes, à la côte feptentrionale de la baie, deux villages fortifiés, ce qui nous engagea à aller les confidérer de plus près. Je fis donc ramer de ce côté, & nous arrivâmes, mes compagnons de voyage & moi, au plus petit des deux, dont le fite était auffi pittoresque & auffi agréable, qu'il eft poffible à l'imagination la plus vive de fe le figurer. Ce village était bâti fur un petit rocher, détaché de la terre ferme, & tout entouré d'eau pendant la haute marée. Dans la maffe de ce rocher, fous le village qui s'y trouvait conftruit & fortifié, il y avait une grande excavation, qui le perçait de part en part, de forte qu'il avait l'air de l'arche d'un grand pont de pierre. La voûte intérieure de cette arche s'élevait à plus de foixante pieds au deffus de l'eau de la mer, qui la traverfait dans le tems

du flux, & le plateau fupérieur de ce rocher formait le domicile fortifié des habitans. Il confiftait en cinq à fix habitations,
& était enclos tout à l'entour de pieux
entrelaffés. Il n'y avait qu'une feule entrée formée par un fentier étroit & efcarpé, par lequel les habitans defcendirent
lorsqu'ils nous virent venir, & nous inviterent d'entrer dans leur petit fort. Nous
fûmes obligés de leur refufer cette fatisfaction, parceque nous étions en chemin pour aller à l'autre fort, qui était
beaucoup plus grand, éloigné de nous
encore à un mille d'Angleterre. Cependant afin de leur rendre politeffe pour
politeffe, nous fîmes quelques préfens
aux femmes.

En allant à l'autre village fortifié, nous
en vîmes les habitans, hommes, femmes
& enfans, au nombre d'environ cent perfonnes, venir à notre rencontre. S'étant
approchés jusqu'à la portée de la voix,
ils nous firent figne de la main, en criant

Horomaï! En fuite ils s'affirent dans les bosquets, fur le rivage, & attendirent notre arrivée dans cette fituation. On nous affura, que cette cérémonie eft chez eux le figne de l'amitié la plus fincère.

Nous allâmes donc à l'endroit où ils fe tenaient affis; nous leur fîmes quelques préfens, & leur demandâmes la permiffion d'aller voir leur *Hippœh*, c'eft-à-dire leur fort. Ils nous l'accorderent d'un air très-fatisfait, & nous y conduifirent.

Cet endroit eft fitué fur un promontoire très-élévé, qui s'étend dans la mer. Elle en baigne deux côtés par lesquels le Hippach, eft inabordable. Les deux autres font en face du continent, & bien fortifiés. Le tout eft entouré d'une paliffade d'environ dix pieds de haut. Le côté faible, qui tient au continent, eft encore défendu par deux foffés, dont l'intérieur eft bordé d'une efpece de rempart, renforcé par une rangée de paliffades. La profondeur de ce dernier foffé eſt de vingt-quatre pieds, à compter du fond juſqu'au ſommet de ce rempart. Tout au près de la paliſſade intérieure, ſe trouve un échafaudage de vingt pieds de haut, de quarante pieds de long & de ſix de large. Il repoſe ſur de fortes poutres, & il eſt fait pour y placer les dé-fenſeurs du fort. C'eſt delà qu'ils reçoi-vent les aſſaillans à coups de javelines & de pierres, dont il y a des monceaux tout prêts à leur portée. Un autre écha-faudage de ce genre domine le ſentier eſcarpé venant du rivage, & il eſt auſſi placé en dedans des paliſſades. L'eſpace enfermé par ces paliſſades, ce rempart & ces foſſés, & dans lequel ſe trouvent les habitations de ces gens, n'eſt pas une plaine, mais un amphithéatre, qui s'éleve en terraſſes. Chacune de ces terraſſes eſt encore encloſe par des paliſſades; mais elles ſont toutes jointes par de petits ſentiers, au moyen desquels on peut paſſer de l'une à l'autre. Cependant, lorsqu'il le faut, ces fentiers peuvent fe barricader dans un moment. Ainfi quand-même l'ennemi fe ferait déjà rendu maître de la paliffade extérieure, on peut encore toujours défendre obflinément toutes ces féparations l'une après l'autre, & il faut que les affiégeans tentent encore bien des affauts, avant d'être maîtres de la place entiere.

Il n'y a qu'une entrée dans cette fortereffe. Elle confifte en un chemin d'environ douze pieds de long, qui va joindre le fentier efcarpé du rivage. Il paffe fous un des échafaudages de défenfe, & il peut être non feulement barricadé, mais encore défendu par les combattans poftés fur l'échafaudage ; de forte qu'il ferait également difficile & dangereux de tenter d'y pénétrer par là. En général, on peut regarder ce petit endroit, comme une place très-forte, dans laquelle un très-petit nombre de braves combattans eft en état de fe défendre contre toutes les forces, qu'un peuple qui n'a d'autres armes que celles du pays, peut humainement employer à en faire le siége. Aussi paraissait-il bien pourvu de tout, excepté d'eau. Nous vîmes une grande quantité de racines de fougere, qu'ils mangent en guise de pain, & de poissons secs, amoncelés, en divers tas. Mais nous ne pûmes connaître s'ils avaient d'autre eau fraîche plus à leur portée, que celle d'un ruisseau qui coule immédiatement au pied de la montagne, ou s'ils avaient des moyens pour en tirer de l'eau en cas de siége. Il faut nécessairement qu'ils aient quelque ressource à cet égard; car à quoi leur serviraient toutes leurs provisions de vivres secs, puisque sans boisson tout cela ne peut leur suffire pour subsister?

Nous leur témoignâmes notre envie de voir leur manière d'attaquer & de se défendre. En conséquence un des jeunes gens monta sur l'échafaudage de guerre, & un autre, réprésentant l'assaillant, alla fe placer dans le foffé. Ils entonnerent tous les deux le chant de guerre, & fe mirent à danfer avec les mêmes geftes horribles qu'i's ont l'ufage de faire dans les occafions férieufes, pour fe monter machinalement à un certain dégré de fureur. C'eft un préparatif néceffaire au combat chez tous les peuples fauvages; car un courage de fang-froid paraît être un privilege particulier des hommes civilifés.

Nous quittâmes enfin cette île, après avoir achevé la vifite du fort & des environs, & chargé les deux chaloupes du felleri que nous avions trouvé en grande quantité fur le rivage, & vers le foir nous fûmes de retour à bord du vaiffeau.

Nous reftâmes encore trois jours dans cette baie ; après quoi nous levâmes l'ancre pour continuer notre route le long des côtes, en faifant route au Nord.

Avant notre départ, notre ami Tojava vint nous rendre encore une vifite. Le pauvre homme nous conta avec douleur, que dès que nous ferions partis, il ferait obligé de s'enfuir dans fon Hippach, parce que les parens de l'homme que Mr. Gore avait tué, l'avaient menacé de venger fur lui la mort de leur ami, lui faifant un crime de fon amitié pour nous. Ce rapport nous affligea; mais nous ne pûmes que plaindre ce pauvre homme.

Des vents contraires m'obligerent de louvoyer a) pendant deux fois vingt-quatre heures, & par co·féquent nous n'avançâmes pas beaucoup. Le troifieme

a) Lorsque le vent eft contraire au vaiffeau, ceux qui le montent, le tournent un peu de côté au moyen des voiles, & enfuite ils voguent alternativement en zig-zag à droite & à gauche. Par ce moyen ils avancent toujours un peu, ce qui ne peut pourtant fe faire que lentement. C'eft là ce qu'on appelle louvoyer,

jour, nous arrivâmes à un cap, où nous remarquâmes beaucoup de gens occupé à une converſation très férieuſe, & qui ne paraiſſaient pas faire grande attention à notre vaiſſeau. Une demi-heure après, nous vîmes des canots démarrer de pluſieurs autres endroits de la côte, & venir vers nous. Dès que les gens du cap apperçurent cela, ils mirent auſſi un canot en mer; ils y monterent au nombre de vingt, & ſe joignirent aux autres.

Deux de ces canots, ayant environ ſoixante hommes à bord, nous approcherent de plus près, que les autres, & entonnerent enſuite leur chant de guerre. Mais voyant que nous n'y faiſions pas grande attention, ils nous jetterent quelques pierre: après quoi ils s'en retournerent. Nous eſpérions qu'ils s'en tiendraient à ce compliment; mais nous nous trompions. Ils revinrent au bout de quelque tems, paraiſſant avoir refléchi plus mûrement à ce qu'ils avaient à faire, &

résolus de nous défier plus férieusement
au combat. On voit que les querelles &
les batailles font devenues une habitude
très forte, & pour ainfi dire une feconde nature chez ces hommes dépravés,
ainfi que les combats & les duels parmi
les jeunes gens mal morigenés de nos
colléges & univerfités. Tous les cherchent également, même lorsqu'on ne
leur en donne pas le moindre fujet. Mais
auffi s'attirent-ils également le mépris de
tous les hommes civilifés. — Nos braves
s'étant approchés de nous, en chantant leur
chant de guerre, jusqu'à la portée de la
voix; notre ami Tupia, fans aucun ordre
de notre part, alla à la poupe du vaiffeau, & commença à leur faire des re-
montrances. Il leur dit que nous avions
des armes, avec lesquelles nous pourrions
les tuer en un moment, & que s'ils ofaient
nous attaquer, nous nous verrions obligés de nous en fervir contre eux. Sur
ce difcours, ils firent briller leurs armes

à nos yeux, en nous criant: *Venez à terre, nous vous tuerons tous.* ,,Fort bien,"
reprit Tupia ,,mais pourquoi voulez-
vous nous molefter, tant que nous fommes en pleine mer ? Nous ne voulons
pas combattre; ainfi nous n'accepterons
pas votre défi d'aller à terre; & ici, en
mer, vous n'avez pas le moindre prétex-
te de nous chercher querelle; car vous
n'êtes les maîtres ni de la mer, ni de
notre vaiffeau." Nous n'avions pas donné
la moindre inftruction pour un raifonne-
ment auffi fenfé à notre ami; auffi fûmes-
nous tout-à-fait étonnés de ce difcours
éloquent & fenfé. Mais nos ennemis n'en
firent pas beaucoup de cas, puisqu'ils recommencerent d'abord après à nous jetter
des pierres comme auparavant. Pour nous
mettre à l'abri d'autres importunités de
leur part, nous tirâmes une balle de fufil
à travers un de leurs canots, ce qui fuffit
pour les engager, à refter en arriere & à
nous laiffer tranquilles.

Le lendemain, nous arrivâmes encore à une baie, où nous vîmes l'embouchure d'un fleuve qui nous parut auſſi large que la Tamiſe à Greenwich. Cela nous engagea à lui donner le nom de Tamiſe; nous y jettâmes l'ancre pour examiner un peu les environs.

L'aprèsdiné nous remontâmes le fleuve en chaloupe. Nous trouvâmes une petite ville indienne ſur le rivage. Elle était bâtie ſur un petit monticule de ſable aride & tout entourée d'un marais profond. Ce marais lui ſervait de fortification naturelle, & avait ſans doute engagé les habitans à s'y établir.

Dès que les habitans de ce bourg nous apperçurent, ils vinrent en foule ſur le rivage nous inviter d'aborder chez eux. Nous acceptâmes leur invitation, & nous leur rendîmes viſite malgré le marais. Ils nous reçurent à bras ouverts, parceque notre vieux ami Tojava leur avait dit beaucoup de bien de nous. Cela nous montra, que la bonne renommée eſt auſſi utile ici que partout ailleurs. Elle ſe propage ſouvent d'une manière inconcevable & ſurprenante; elle nous fraie partout la route des cœurs & porte en général les hommes à nous ſervir & à nous aſſiſter de tout leur pouvoir. Jeune citoyen du monde ! efforce-toi d'acquérir ce moyen aſſuré de parvenir ici bas par une vie réglée & honnète : & quand tu le poſſédes, évite ſoigneuſement toutes les occaſions de le perdre !

Après quelque petit ſéjour dans cet endroit, nous continuâmes à remonter la rivière, pour examiner le pays. Nous traverſâmes à cette occaſion des forêts dont les arbres d'une eſpéce inconnue pour nous attirerent toute notre attention, par leur hauteur & par leur beauté. J'en méſurai un, & je lui trouvai vingt pieds de circonférence. La hauteur du tronc juſqu'aux premières branches était de quatre vingt-neuf pieds. Il était en outre auſſi

droit qu'une fleche, & à proportion de
fa hauteur, fa groffeur il ne diminuait pas
d'une façon fort fenfible. Nous en vîmes
enfuite beaucoup d'autres encore plus
grands. Ces arbres nous parurent pouvoir
fournir les plus beaux matériaux du monde pour la marine. Après avoir avancé
jusqu'à quatorze milles d'Angleterre, &
voyant que le pays offrait partout le
même afpect, nous rebrouffâmes, & parvînmes avant la nuit à l'embouchure du
fleuve, mais le vent & le flux nous étant
contraires, il nous fut impoffible d'arriver au vaiffeau. Après avoir travaillé fans
fuccès jusqu'à minuit, nous ancrâmes les
chaloupes au rivage, afin de nous repofer
quelque peu & auffi bien que notre fituation
pouvait nous le permettre. Au point du
jour, nous nous remîmes à ramer, &
enfin, à fept heures du matin, nous arri-
vîmes tous à notre bord, extrêmement
fatigués.

Nou-

Nous levâmes l'ancre le même jour, mais nous fûmes obligés de le jetter derechef, vers le foir, parceque le vent était trop faible. Le calme dura toute la matinée du lendemain, & j'en profitai pour aller encore une fois à terre.

Lorsque je quittai le vaiſſeau, il fe trouvait entouré de beaucoup de canots. Cela engagea Mr. Banks à y reſter, pour faire le commerce avec les indigènes. Ils échangerent leuis vêtemens & leurs armes, furtout contre du papier; & fe conduifirent avec beaucoup de cordialité & d'honnèteté. Cependant un jeune homme, qui était reſté fur le tillac, tandis que Mr. Banks fe trouvait dans la cahutte avec quelques indigènes, ne put refifter à la tentation de voler de petites ampoulettes, & il fut attrappé fur le fait. Mr. Hicks, commandant alors à bord, prit fantaifie de châtier cet Indien comme un matelot, quoiqu'il ne connût pas nos loix comme ceux-ci, & que par conféquent il ne fût

VI.   C

pas également coupable. Il ordonna donc
de le lier à un hauban, a) fuivant l'ufage, &
de lui donner dans cette fituation douze
coups d'un fouet à neuf cordes. Dès que
les autres Indiens, qui étaient à bord, s'apperçurent qu'on faififfait leur camarade,
ils tentèrent de le dégager ; &, fur ce
qu'on leur oppofa de la réfiftance, ils fe
firent donner des armes par leurs compagnons dans les canots, afin d'ufer de
violence. Les Indiens des canots tache-
rent en même tems de grimper fur le
vaiffeau.

Mr. Banks n'eut pas plutôt entendu
le bruit, qu'il courut fur le tillac avec
Tupia, & qu'il demanda ce qui s'était
paffé. Les Indiens s'adreffèrent à Tupia,
& lui expliquèrent leurs fujets de
plaintes. Tupia fe tourna vers le lieu

a) Un hauban fur un vaiffeau, confifte en
huit à neuf cables, tendus aux deux côtés
de chaque mât, depuis le tillac jusqu'à la
gabie.

tenant pour l'engager à plus de douceur; mais celui-ci refufant de révoquer fa fentence, toute la confolation qu'il put donner aux Indiens, fut de les prévenir, qu'on ne voulait que châtier leur compagnon comme il le méritait, mais qu'il n'était point queftion de lui ôter la vie. Cette déclaration parut les tranquillifer affez. L'Indien reçut donc les douze coups de fouet, & fut remis en liberté. Mais à peine l'eut on délié, qu'un vieillard, qui paraiffait être fon père, s'avança hors de la foule, vint lui donner encore une bonne volée de coups par deffus les autres, & le renvoya ainfi dan fon canot. Cet événement ne produifit cependant point un bon effet fur les Indiens. Ils s'écarterent un peu, difant, qu'ils craignaient déformi d'approcher du vaiffeau. Aprè bie de exhortations. ils fe haza derent y revenir; rai leur gaieté & leur co fiance avaien difparu. Ils ne lefterent pa n n plu longtems avec nous. En nous quittant, ils promirent de revenir & d'apporter quelques poiſſons. Mais nous ne les revîmes plus.

Nous continuâmes à cingler vers le Nord, pour faire le tour de cette terre, en longeant la côte tantôt de près, tantôt à une plus grande diſtance, mais toujours de maniere à ne pas la perdre de vue. Je paſſe ſous ſilence pluſieurs ſcenes alternativement paiſibles & guerrieres, que nous eûmes avec les indigènes, parcequ'elles reſſemblent tellement à d'autres dont j'ai déjà fait mention, que leur recit ne ferait qu'ennuyer mes jeunes Lecteurs. Ce ne fut que le 29 Novembre, jour auquel nous parvînmes à une baie, à laquelle je donnai le nom de *Baie des Iles*, à cauſe du grand nombre d'îles que j'y trouvai, qu'il arriva des événemens, auxquels je crois devoir donner place dans ma relation.

19.

Evénemens à la Baie des Iles. Grand péril que courut le navire. Continuation du voyage jusqu'au cap le plus feptentrional de cette terre.

Lorsque nous entrâmes dans cette baie, nous y trouvâmes, comme à l'ordinaire, différens canots, & nous en vîmes arriver vers nous plufieurs de très-grands, avec un nombreux équipage. Les hommes qui les montaient avaient meilleure mine, que tous ceux que nous avions vus jufqu'alors. Ils étaient tous forts & de taille bien prife : ils avaient les cheveux noirs, attachés au haut de la tête, & ornés de plufieurs plumes blanches, qui y étaient entrelacées. On diftinguait, dans chacun de ces canots, deux ou trois chefs, à un vêtement particulier, fait de la meilleure efpéce de l'étoffe du pays, & bordé de peaux de chiens de mer, ce qui leur donnait tout-à-fait bonne mine. Leur peau était marquée de toutes fortes de

figures, à la maniere du pays, & ils nommaient cet ornement dans leur langage;
Amoko.

Ces Indiens, dans le commerce qu'ils
firent avec nos gens, fe comporterent
auffi comme de grands fripons. Cependant
on eut beaucoup d'indulgence pour eux,
& on leur paffa bien des tours. Un bas-
officier qu'ils avaient filouté, s'avifa pour
s'en venger, d'un moyen, très-mêcham-
ment imaginé, & qui eut un effet terrible.
Il alla chercher une ligne, & le filou fe
trouvant tout auprès du vaiffeau dans fon
canot, en lui tournant en ce moment le
dos, l'autre lui lança l'hameçon avec tant
d'adreffe, qu'il lui en fit entrer la pointe
dans le derriere, & il eut la barbarie de
tirer la ligne à foi. Le pauvre Indien,
comme on peut croire, fe débattit vivement, de forte que l'hameçon fe caffa, &
que la pointe lui en refta dans les chairs.
Je me flatte que cette action indignera
mes jeunes Lecteurs, comme elle indigna

tous ceux d'entre nous, à qui il reftait quelques fentimens d'humanité.

Le lendemain, il nous vint d'autres Indiens, plus impudens & plus audacieux encore que ceux de la veille. Ils nous apporterent des poiffons à vendre, mais en même tems qu'ils nous les échangaient, ils ne discontinuerent pas, de nous faire des menaces. Ils commencerent à les réalifer, en nous lançant une grêle de pierres, auffi-tôt qu'ils eurent été renforcés par l'arrivée de plufieurs autres canots. Nous fîmes feu fur eux à dragée, & en atteignîmes un, au moment où il levait la main, pour nous jetter une pierre. Cela ne put néanmoins fuffire, pour calmer leur fureur; & ils ne finirent que lorsque nous en eûmes encore bleffé quelques-uns. Alors ils s'éloignerent.

Le lendemain, nous nous vîmes environnés d'un beaucoup plus grand nombre de canots, dont la chiourme fe montait à environ quatre cents têtes. Nous les pré-

vînmes encore de politeffes, & en engageâmes quelques-uns à monter à bord.
Je fis préfent d'une piece de drap fin à un
chef, & de quelques bagatelles aux autres. Nous en reconnûmes plufieurs, pour
les avoir vus auparavant; & à qui la vertu
de nos armes à feu n'était point inconnue.
Car le fimple afpect d'un canon leur in-
fpirait une terreur vifible. Pénétrés de ce
fentiment, ils fe conduifirent d'abord avec
honnêteté, & avec difcrétion, jusqu'à ce
que notre condefcendance & notre bonté
les euffent rendus de nouveau téméraires.

Ils s'emparerent de notre bouée, en
s'éloignant à force de rames. Pour cela,
il nous fut impoffible de le fouffrir, &
nous leur tirâmes un coup de fufil par
deffus la tête. Ce coup n'ayant produit
aucun effet, nous tirâmes fur eux, a dragée. Mais ils étaient trop éloignés pour
que cela pût leur faire beaucoup de mal.
Auffi n'y firent-ils aucune attention, &
nous nous vîmes obligés de leur envoyer

une balle. Un des Indiens en fut atteint, & ils jetterent auſſi-tôt leur priſe à la mer. Là-deſſus je fis encore tirer un boulet à coup perdu ſur eux: il ricochéta ſur l'eau, & alla donner à leur yeux ſur le rivage. Cela en porta quelques-uns à ſe hâter d'arriver à terre; ils s'élancerent de leurs canots & ſe mirent à courir ça & là ſur le rivage, apparemment pour chercher le boulet. Mais Tupia leur cria, qu'ils n'avaient rien à craindre; qu'ils pouvaient compter qu'on ne leur ferait aucun mal, pourvu qu'ils ſe comportaſſent honnêtement. Sur ces paroles pluſieurs revinrent vers le vaiſſeau, & leur conduite, après cet événement, nous raſſura entierement ſur leurs intentions à notre égard.

Je fis alors mettre les chaloupes à la mer, & j'allai à terre avec mes compagnons de voyage, ſous l'eſcorte d'un parti bien armé. Nous abordâmes dans une île. A notre départ, nous avions vu les canots des Indiens, qui ſe trouvaient

raſſemblés autour du vaiſſeau, reſter tranquillement à leur place ; & nous avions
regardé cette circonſtance comme un pré-
ſage heureux. Mais à peine eûmes-nous
mis pied à terre, qu'ils ſe hâterent en
foule d'arriver dans différens endroits de
l'île, & qu'ils y deſcendirent ainſi que
nous. Au bout de quelques minutes, nous
nous vîmes entourés de deux à trois cens
ſauvages dont il y en avait qui accouraient
des canots, & d'autres qui paraiſſaient
ſur le ſommet des hauteurs.

Ils étaient tous armés, & quoiqu'ils ne
donnaſſent aucun indice qu'ils euſſent deſſein de nous attaquer ; nous n'en avions
pas moins ſujet de nous tenir ſur nos gardes. A cet effet, nous traçâmes une ligne
ſur le ſable, & nous leur fîmes ſigne, de
ne pas la depaſſer. D'abord ils reſterent
tranquilles ; tenant cependant leurs armes
toujours prêtes, & paraiſſant plutôt demeurer dans l'inaction faute de réſolution,
que par inclination pacifique à notre égard.

Cependant nous vîmes approcher un autre parti d'Indiens. Ce renfort les rendit plus hardis, & déjà ils commençaient leurs préparatifs ordinaires pour le combat; favoir la danfe & la chanfon de guerre. Ils n'attaquerent pourtant pas d'abord; jufqu'à ce qu'enfin une troupe fe mit à courir vers nos canots, pour s'en emparer. Ce fut là comme le fignal du combat: car dans le même inftant, les autres marcherent vers notre ligne. Notre fituation était devenue trop critique, pour que nous puffions refter plus longtems dans l'inaction. Je tirai mon coup à dragée, fur l'un des plus animés, & Mr. Banks, avec deux de nos gens, tira immédiatement après. Cela les mit un peu en défordre, & ils réculerent.

Néanmoins un de leurs chefs, placé à environ trente pas de nous, rallia bientôt fes gens, fe mit à leur tête, & les mena à une feconde attaque. Il courait devant eux, en brandiffant fon Paetu-Paetu, &

animant fes compagnons à grands cris.
Le Docteur Solander, qui tenait encore
fon fufil chargé, tira fur cet audacieux.
Dès qu'il fentit le coup, il s'arrêta tout
court, & fe mit à fuir avec les autres.
Cela n'avait cependant pas abbattu leur
courage. Nous les vîmes fe rallier encore fur une éminence, & ils ne paraiffaient
attendre qu'un chef refolu pour revenir à
la charge. Pour leur en faire paffer l'envie, nous tirâmes fur eux à balle, parceque nous ne pouvions plus les atteindre
avec du petit plomb. Mais nos coups ne
bleffant perfonne, ils ne défemparerent
pas de leur pofte.

Nous demeurâmes à peu près un quart
d'heure dans cette fituation. Cependant
nos gens à bord du vaiffeau, n'étaient
pas demeurés fpectateurs oififs de cette
affaire. Ils avaient en face de leur côté
un beaucoup plus grand nombre d'Indiens
que notre pofition ne nous permettait de
les voir; ce qui les engagea à placer le

vaiſſeau en travers de la côte, & à lâcher une bordée à coup perdu par deſſus les têtes de nos ennemis. Ce feu les diſperſa immédiatement.

Nous fûmes fort aiſes de ce qu'il ne périt pas un feul Indien dans cette eſcarmouche. Il n'y en eut que deux de bleſſés par notre dragée. Mais ſi je n'euſſe ſans ceſſe contenu l'ardeur de mes gens, l'affaire ne ſe ferait pas paſſée avec autant de douceur. Car, ſoit par crainte, ſoit par envie de nuire, ils paraiſſaient auſſi empreſſés de tuer de ces ſauvages, que le chaſſeur peut l'être pour abattre du gibier.

Nous étant ainſi mis en poſſeſſion du pays, nous plaçâmes nos armes à terre, & commençâmes à cueillir du felleri, qui s'y trouvait en quantité. Durant cette occupation, nous nous rappellâmes, d'avoir vu pendant le combat quelques Indiens ſe ſauver dans une caverne, & nous réſolûmes d'y aller. A l'inſtant il en ſortit un vieux chef, le même auquel j'avais donné dans la matinée un morceau de drap: il était suivi de sa femme & de son frère, & il vint d'un air de suppliant, nous demander notre protection. Nous lui parlâmes avec bonté, ce qui lui inspira de la confiance. Ce vieillard nous avoua que l'un des blessés était un autre de ses frères. & il nous demanda avec tous les dehors de la crainte & de l'affliction, s'il en mourrait. Nous l'assurâmes qu'il n'en mourrait point : on lui mit en même tems une balle & quelques grains de petit plomb à la main; en lui expliquant, qu'il n'y avait que ceux contre lesquels on tirait à balle qui en mouraient, mais que les autres en réchappaient. En même tems nous lui fîmes entendre, que si ses compatriotes revenaient nous attaquer, nous tirerions certainement à balle contre eux. Ces Indiens s'assirent ensuite amicalement à côté de nous, & en signe de parfaite réconciliation, nous leur fîmes présent de quelques bagatelles que nous avions sur nous.

Nous ne tardâmes pas à rentrer dans
nos canots, pour nous rendre à une autre
baie de la même île. Là, nous montâmes
fur une hauteur qui dominait une grande
étendue de pays. La vue en était extrêmement pittoresque. Nous voyions autour
de nous une foule innombrable d'îles,
dont chacune formait une joli port, dans
lequel les eaux argentées de la mer étaient
unies comme celles d'un petit étang. Partout on voyait des villages indiens, des
maifons ifolées, & des champs cultivés,
variés agréablement, & le pays était
beaucoup plus peuplé dans ces environs,
qu'en aucun autre endroit que nous euffions encore vu. L'un de ces villages fe
trouvait fort près de nous. Les habitans
en fortirent en foule, & fe donnerent
beaucoup de peine, pour nous faire obferver, qu'ils étaient fans armes. En général, il témoignerent dans leur maintien, & dans tou leurs gefte beaucoup
de difcrétion & d'amour de la paix.

J'eus l'occasion, ce jour là, d'exercer un acte de justice aux yeux des Indiens; & je la saisis avec plaisir, parce que cela pouvait contribuer à leur donner bonne opinion de nous. Quelques-uns de nos gens, qui se donnaient des airs de Solon, lorsqu'un Indien commettait la moindre supercherie, avaient pris fantaisie de pénétrer dans un des champs cultivés de ce lieu, & d'en tirer des patates. Je leur fis donner à chacun douze coups de fouet pour ce vol. J'en fis relâcher deux après ce châtiment. Pour le troisieme, qui soutenait que ce n'était pas un crime, qu'un Anglais volât dans le champ d'un Indien, quoique c'en fût un de la part de l'Indien de tromper un Anglais pour un seul clou, je le fis remettre aux arrèts, & ordonnai qu'on lui donnât encore six coups, avant de le relâcher.

Des vents contraires, interrompus de calmes, nous contraignirent de nous arrêter plusieurs jours dans cette baie. Durant ce tems, notre commerce avec les indigènes continua fur le pied le plus paifible & le plus amical. Il en vint de tems en tems beaucoup à bord du vaiffeau ; & en revanche nous allâmes les vifiter fouvent fur le continent & dans les îles. Nous étant un jour rendus à terre dans ce deffein , un vieillard nous montra l'inftrument dont ils fe fervent pour fe faire leurs marques fur la peau ou fe tatower. Cet inftrument était abfolument femblable à celui dont on fe fert pour le même ufage à Otaheite. Nous vimes auffi l'homme que nous avions bleffé lors de la tentative faite pour enlever notre bouée. La balle avait traverfée la partie charnue du bras, & effleurée en même tems la poitrine ; mais à l'aide du plus habile des chirurgiens , c'eft-à-dire, de la nature & d'une nourriture fimple, le meilleur régîme pour toutes les maladies; la plaie fe trouvait en bon état, & paraiffait ne caufer ni douleur ni inquiétudes au bleffé.

Nous vîmes auffi le frère de notre bon vieillard, qui avait reçu un coup de dra-gée dans l'efcarmouche. Le coup l'avait atteint à la cuiffe ; mais quoiqu'il y eût encore plufieurs grains dans les chairs, les plaies ne paraiffaient ni douloureufes ni dangereufes.

Le 3 Décembre, nous levâmes l'ancre avec un léger vent de terre ; mais nous n'avançâmes que lentèment, parceque ce faible vent tombait quelquefois tout-à-fait. Le foir, à dix heures, pendant un calme parfait & tandis que le flux ou la marée fe portait avec violence vers les terres, notre vaiffeau fut entrainé fi for-tement vers le rivage, qu'avant que nous puffions prendre la moindre précaution pour notre falut, le bâtiment ne fe trou-va qu'à un cable a) des brifans. Nous étions dans un fond de treize braffes, mais

a) Un cable a 120 toifes de long ; & c'eft d'après cette mefure que les marins indi-quent les diftances.

il était fi peu fûr, que nous n'ofions nous
hazarder de jetter l'ancre. Nous fimes
mettre tout de fuite la pinaſſe a) à la mer,
pour touer le vaiſſeau, & l'équipage fen-
tant lui même tout le danger de notre fituation, chacun travailla de toutes fes
forces. Par bonheur, dans ce moment
même, il s'éléva un faible vent de terre,
& nous remarquâmes avec une joie inexprimable que notre vaiſſeau avançait. Il en
était bien tems, en vérité; car nous nous
trouvions déjà fi près de la côte, que
notre ami Tupia, qui n'avait pas obfervé
la fituation dangereufe de notre vaiſſeau,
pouvait s'entretenir avec les Indiens fur le
rivage, malgré le bruit des vagues.

Nous nous croyions déjà echappé à
tout danger; l'homme à la fonde venait
de nous crier; *dix-fept braſſes!* lorsqu'à
notre grand effroi, un moment après,
nous fentîmes le vaiſſeau toucher. Le choc
que nous éprouvâmes nous effraya beau-

a) Une grande chaloupe.

coup; & Mr. Banks, qui venait de ce dés-
habiller pour fe coucher, accourut en hâte
fur le tillac, au moment même où l'homme à la fonde annonçait ; *cinq braffes.*
Nous avions touché fur un rocher. Mais
par bonheur il fe trouvait au vent de nous,
de forte que le navire s'en dégagea fans
avoir reçu le moindre dommage, & la
fonde fe retrouva bien vîte à vingt braffes de fond. Nous rendîmes graces au ciel
d'en avoir été quittes pour la peur.

La pêche parait être l'occupation principale des indigènes de ces contrées. Auffi
y font-ils très-habiles, & ils ont mis beaucoup de foins & d'adreffe à préparer des
inftrumens pour cet ufage. Nous leur montrâmes notre grand filet, qu'affurément
on ne pouvait mettre au rang des petits,
puisqu'il était de l'efpéce & de la grandeur
de ceux qu'on donne aux vaiffeaux de
guerre ; mais ils fe moquerent de nous,
& nous montrerent en revanche le leur
d'un air triomphant. En effet, il était

d'une grandeur énorme. Il avait cinq toises de largeur, & à en juger par l'espace qu'il embraffait, il ne pouvait avoir moins de trois cens toises de long. Il était fait d'une efpéce d'herbage très fort. Nous apperçûmes auprès de toutes les habitations une quantité de ces filets entaffés. Ils avaient l'air de meules de foin & étaient couverts d'un toit pour les garantir du mauvais tems. Nous ne fommes entrés presque dans aucune maifon, où nous n'ayons vu quelques-uns des habitans occupés à faire de ces filets.

En continuant de longer ainfi la côte, qui tournait toujours plus du Nord vers l'Oueft; nous apprîmes de quelques indigènes, qui vinrent nous voir, que nous n'étions plus fort loin de la pointe feptentrionale. Lorsque nous vî nes que ces gens étaient fi bien informés de ce qui concernait la terre qu'ils habitaient, nous leur demandâmes, s'i s n'en connaiffoi t point d'autres? Ils nous répondirent, qu'ils n'en avaient jamais vu d'autre, mais que leurs ancêtres leur avaient raconté, qu'au Nord-Nord-Ouest il y avait une grande terre nommée *Ulimaeroae*, où quelques-uns d'entre eux étaient allés dans un très-grand canot, & qu'après un mois de navigation ils étaient arrivés dans un pays dont les habitans mangeaient des cochons. Tupia s'informa, si ces avanturiers, à leur retour, avaient apporté des cochons? Ils répondirent que non. ,,Il faut donc,'' répliqua Tupia, ,,que votre histoire soit ,,controuvée, car il n'est pas croyable que ,,des hommes qui reviennent d'une telle ,,navigation sans cochons, aient été dans ,,un pays où il était possible de s'en procurer.'' Cette objection était assez sensée; mais il faut observer d'un autre côté qu'en faisant mention de ces animaux, ils n'en firent pas de description; mais qu'ils se servirent du mot *Bouaeh*, qui est effectivement le nom de ces animaux dans les îles de la mer du Sud. Or l'animal lui-même, ainſi que ſon nom, eſt abſolument inconnu dans la Nouvelle Séelande; donc ils n'auraient pu ſavoir ce nom, s'ils n'avaient jamais eu de relations avec des gens qui le connuſſent.

Nous eſſuyâmes enſuite une tempête de pluſieurs jours, la plus terrible que nous euſſions jamais éprouvée. Elle déchira nos voiles à pluſieurs repriſes, & travailla tellement notre vaiſſeau, que ſi par bonheur nous n'avions gagné la haute mer, il y a toute apparence que nous ne ferions jamais revenus raconter nos avantures.

Vers le jour de l'an, nous parvînmes enfin à la derniere pointe de cette terre, que nous nommâmes Cap-Nord; & nous commençâmes à cingler vers le Sud, en longeant la côte occidentale de ce pays,

20.

Arrivée & séjour à la baie Charlotte. Départ de-là & passage du détroit de Cook.

Pour ne pas arrêter mes jeunes lecteurs par des relations peu intéressantes, je les prie de vouloir descendre du Cap-Nord, le long de la côte de la Nouvelle-Séelande jusqu'à l'endroit où la terre est séparée par un canal, & coupée en deux îes. C'est-là que nous arrivâmes, sans aucun événement remarquable, le 14 Janvier 1770: & nous mouillâmes dans une baie, qu'à l'honneur de notre Reine, je nommai la Baie-Charlotte.

Il y avait en face de notre ancrage, un Hippaeh ou village indien; mais éloigné du vaisseau de plusieurs portées de canon. Nous ne tardâmes pas à voir plusieurs canots venir de-là vers nous. Ils étaient envoyés, selon toute apparence, pour nous reconnaître, ou peut-être même pour nous prendre. Les gens qui les montaient étaient bien armés, & habillés à peu-près

de

de la maniere dont Tasman, le premier navigateur qui découvrit ce pays, nous a réprésenté dans une eftampe , les indigènes qu'il y avait vus. Leur corps était enveloppé de pieces d'étoffe du pays : deux bouts en paffaient du dos par deffus les épaules , & defcendaient de-là fur la poitrine, où ils étaient attachés encore à l'étoffe liée autour du corps.

Ces Meffieurs firent à plufieurs reprifes le tour du navire, tout en nous menaçant & nous défiant au combat fuivant leur méthode ordinaire ; enfin ils commencerent à nous charger à coups de pierre. Tupia leur fit des répréfentations fur ce procédé, mais ils parurent n'en tenir aucun compte. Déjà nous commencions à craindre qu'ils ne nous forçaffent enfin à faire feu, lorsqu'un des leurs, c'était un homme fort âgé, témoigna qu'il fouhaitait de venir à notre bord. Nous l'y invitâmes avec joie, & lui jettâmes une corde, au moyen de laquelle il fit approcher fur le champ fon canot du navire. Il allait y monter ; mais fes compatriotes lui firent les plus fortes répréfentations pour l'en détourner ; & voyant qu'il n'y paraiffait guere fenfible, ils le faifirent afin de le retenir par force. Tout cela ne put pourtant point lui faire changer de réfolution ; il fe dégagea gaîment de leurs mains, & monta à bord de notre vaiffeau, avec un courage inébranlable.

Nous reçûmes cet honnête vieillard avec toutes les démonftrations imaginables d'amitié & de bonté ; & au bout de quelque tems, nous le renvoyâmes comblé de préfens auprès de fes compagnons. Ceux-ci, dès qu'il fut de retour, recommencerent à danfer, foit de joie, foit pour nous défier encore au combat ; je n'ofe rien décider là-deffus, puisque d'après mon expérience, chez ces peuples, la danfe indique l'un & l'autre de ces fentimens. Cependant ils ne tenterent plus auoune hoſtilité, & s'en retournerent bientôt après à leur Hippaeh.

Je ne tardai pas non plus moi-même, à aller à terre avec la plupart de nos voyageurs. Nous y trouvâmes une belle rivière, dont l'eau était excellente, & du bois en immenſe quantité. Tout le pays d'alentour n'était qu'une forêt. Nous avions pris notre grand filet avec nous, & nous le jettames avec tant de ſuccès, qu'en deux ou trois fois nous prîmes à peu près trois quintaux peſant de poiſſons, de diverſes eſpeces, que je fis tout de ſuite diſtribuer par égales portions aux gens de l'équipage.

Le lendemain, au point du jour, comme nous étions occupé à mettre le navire ſur le côté pour le caréner, nous vîmes arriver vers nous trois canots, montés de plus de cent hommes. Nous obſervâmes avec joie qu'il y avait pluſieurs femmes parmi eux, ce que nous prîmes pour un ſigne qu'ils n'avaient aucune intention hoſtile à notre égard. Bientôt néanmoins ils ſe montrerent ſi incommodes, que nous craignîmes, de ne pas nous en tirer ſans querelle. Sur ces entrefaites la grande chalouppe fut envoyée à terre, avec quelques hommes pour faire de l'eau. Deux de ces canots prirent alors fantaiſie de la ſuivre, ce qui nous obligea de les intimider par quelques coups à dragée. Cette menace (car ce n'en était qu'une, puisqu'il y avait trop de diſtance jusqu'à eux, pour que nous puſſions les atteindre), produiſit un très bon effet. Ils ſe deſiſterent d'abórd de leur pourſuite.

Les autres, qui étaient reſtés auprès du vaiſſeau, avaient apporté quelques poiſſons, qu'ils nous offraient à vendre. Ils ſentaient déjà mauvais, & néanmoins pour entrer en quelque relation avec eux, nous leur envoyâmes un de nos gens dans une petite chaloupe, pour les leur acheter. Pendant quelque tems ils ſe montrerent aſſez honnêtes dans ce trafic, mais enfin, il y en eut un qui crut trouver l'occafion de faire un coup, & qui voulut vite faifir une feuille de papier que notre marchand tenait à la main; l'ayant manquée, il fe mit d'abord en attitude de défenfe , en brandiffant fon Paetu-Paetu comme s'il allait frapper. On lui tira un coup à dragée; dont quelques grains l'atteignirent au genou, & tout fut dit.

Les Indiens n'en demeurerent pas moins à côté du vaiffeau, s'entretenant avec Tupia. Nous l'engageâmes à leur faire plufieurs queftions, touchant les antiquités de leur pays. Entr'autres il dut leur demander, s'ils n'avaient jamais vu un vaiffeau tel que le nôtre , ou s'ils avaient entendu dire, qu'il en fût venu un dans leurs parages. Ils repondirent, que non. Il faut donc que la mémoire du féjour de Tasman dans ces contrées, foit entiérement éteinte parmi eux.

Non feulement les femmes, mais même quelques-uns des hommes qui montaient ce canot, portaient une parure de tête, telle que nous n'en avions jamais vu. Elle confiftait en un bouquet rond de plumes noires, attaché fur le haut de la tête, la couvrant en entier, & la faifait paraître trois fois plus haute qu'elle n'était réellement.

L'après-midi, je me mis dans la pinaffe avec nos compagnons de voyage & Tupia, & nous allames dans une baie, à environ deux lieues marines de notre ancrage. Chemin faifant, nous vimes flotter fur l'eau quelque chofe, que nous prîmes pour un veau marin mort ; mais lorsque nous en approchâmes, nous vimes que c'était le cadavre d'une femme, qui paraiffait morte depuis plufieurs jours ; nous fimes enfuite route vers la baie, où nous defcendîmes à terre.

Nous y trouvâmes une petite famille indienne, qui y faifait fon féjour, & notre afpeét leur infpira une telle frayeur, qu'ils s'en fuirent tous, à l'exception d'un feul homme. Tupia entra en converfation avec celui-ci, ce que voyant les fuyards, ils ne tarderent point à revenir. Il n'y eut qu'un feul vieillaid & un enfant, qui ne pouvant apparemment revenir de leur defiance, refterent dans l'éloignement en nous obfervant fecrettement cachés der-riere les arbres.

Nous fîmes des queftions à ces gens au fujet du corps mort que nous avions vu flotter fur l'eau. Ils nous dirent que c'était une de leurs parentes, morte de mort na-turelle; que, fuivant l'ufage du pays, on l'avait jettée à la mer en attachant une pierre au cadavre : que fi nous l'avions trouvé furnageant fur l'eau, il fallait que la pierre s'en fût détachée par quel-que hazard.

Cette famille était précifément occu-pée à préparer un repas, lorsque nous abordâmes dans cette contrée. Il y avait un chien enterré dans le four , & plufieurs corbeilles pleines d'alimens fe trouvaient alentour dépofées à terre. Nous jettâmes un coup d'œil en paffant, fur une de ces corbeilles, & nous y apperçumes deux os paffablement rongés , qui ne paraiffaient pas du tout des os de chiens. En les examinant avec plus de foin, nous vîmes à n'en pouvoir douter, que c'étaient des offemens d'hommes. A cet objet nous fûmes tranfis d'horreur & d'effroi; quoique ce ne fût au fond qu'une confirmation, de ce que nous avions fouvent entendu dire depuis notre arrivée fur ces côtes, que les hommes, dans ces contrées, étaient antropophages.

Le peu de chair qui fe trouvait encore à ces os, indiquait clairement, que la piece avait été cuite au four, & nous vîmes encore, dans les cartilages au bout de l'os, les traces des dents qui l'avaient rongé. Cependant afin de porter la certitude de la coutume horrible où font ces gens, de manger de la chair humaine, jusqu'au dernier dégré de conviction, nous leur fîmes demander par Tupia, quels os c'était que cela? Les Indiens répondirent, fans balancer : „Les os d'un homme." On leur demanda alors : ce qu'en était devenue la chair? Ils répondirent: „Nous „l'avons mangée." Mais pourquoi, leur dit alors Tupia, „n'en avez-vous pas fait „de même du cadavre de la femme que „nous avons vu nager fur les flots?" „Cette femme," reprirent ils, „ eft mor- „te de maladie; d'ailleurs elle était notre , parente, & nous ne mangeons que les „corps de nos ennemis, qui ont péri dans „un combat." Leur ayant demandé ce qu'avait été cet homme, ils nous répon- dirent: qu'environ cinq jours auparavant, un parti de leurs ennemis était venu dans cette baie, fur un canot monté d'un grand nombre d'hommes; qu'ils en avaient tué fept, & que l'homme en queftion avait été de ce nombre,

L'un d'entre nous demanda s'ils avaient
des offemens, auxquels il y eût encore
de la chair? & fur ce qu'ils nous répondirent, qu'ils avaient déjà tout mangé,
nous fîmes femblant, de ne pas vouloir
croire que ce fuffent veritablement des os
d'hommes, & leur dimes, qu'apparemment
c'étaient des os de chien. Ce doute parut fâ-
cher très férieufement un de ces Indiens;
il faifit vivement fon propre avant-bras,
nous le préfenta d'un air de colère, &
nous dit, que l'os que Mr. Banks tenait
à la main avait appartenu à cette partie
d'un corps humain. Pour nous prouver en
même tems que la chair en avait été réellement mangée, il faifit fon propre bras
avec fes dents, & fit comme s'il mangeait.
Il mordit & rongea encore l'os que Mr.
Banks avait pris, le paffa par la bouche,
& donna à entendre par fes geftes, que
ce morceau avait été fort délicat. Enfuite
il rendit l'os à Mr. Banks, qui l'emporta,
comme un monument affreux du goût
...le de ces gens.

Parmi les perfonnes de cette famille, nous aperçûmes une femme, dont les bras, les jambes & les cuiffes étaient terriblement déchiquetées. On nous dit qu'elle s'était fait ces bleffures elle même, pour montrer fa douleur de la perte de fon mari, qui naguere avait été tué & mangé par les ennemis.

Notre navire fe trouvant affez près du rivage, ce voifinage nous donnait la nuit un plaifir, qui méritait bien, qu'on retranchât quelques heures de fon fommeil pour en jouir. Les bois d'alentour étaient habités par une foule innombrable de petits oifeaux, dont la voix furpaffait de beaucoup en agrément, tout ce que nous avions jamais entendu dans ce genre. On eût dit que c'étaient de petites fonnettes d'argent parfaitement accordées. L'ufage de ces petits chantres était d'entonner toujours leur cantiques à deux heures après minuit, & de les finir au point du jour.

Le fecond jour que nous nous arrêtâmes
en ce lieu, nous reçûmes la vifite de quelques Indiens. Parmi eux fe trouvait le
vieillard, qui le premier s'était hazardé
à venir à notre bord, lors de notre arrivée. Nous apprîmes enfuite qu'il fe nommait Topaa. Notre ami Tupia ramena la
converfation fur ce qui avait fait la veille
l'objet de nos recherches, & l'on nous
confirma encore tout ce que nous avions
déjà entendu. ,,Mais,'' leur dit Tupia,
,,que faites-vous des têtes? Les mangez-
,,vous auffi?'' ,,Nous n'en mangeons,''
reprit là deffus le vieillard, ,,que la cer-
,,velle; & la prémière fois que je revien-
,,drai, je vous en apporterai une, pour
,,vous convaincre que je vous dis la vé-
,,rité.''

Peu de tems après étant allés à terre,
quelques-uns de nos gens, trouverent encore à côté d'un four, ou d'un trou à cuire creufé en terre, trois os de cuiffes humaines, qui nous confirmerent dans la

douloureufe conviction où nous étions,
que ces peuples avaient réellement la bar-
bare coutume de manger des hommes.

Quelques jours après, notre vieillard
tint parole. Il nous apporta réellement
quatre têtes des fept hommes tués &
mangés en dernier lieu. Les cheveux &
la chair en étaient encore intacts; mais la
cervelle en avait été tirée. Il fallait qu'on
fe fût fervi de quelque moyen pour pré-
ferver de la corruption les chairs qui étaient
encore attachées à ces têtes, car elles
n'exhalaient aucune odeur. Mr. Banks
acheta une de ces têtes, à quoi le vieillard ne confentit qu'avec peine; mais pour
les autres, il ne voulut s'en défaire à aucun prix. Apparemment qu'on les garde
en guife de trophées, comme on fait en
Amérique des crânes & des chevelures, &
à Otaheite des mâchoires. En éxaminant
la tête que nous avions achetée, nous apperçûmes que l'homme avait reçu vraifemblablement au moyen d'un pactu-

paetu, un coup dans les tempes, qui lui
avait brifé le crâne.

Le 22 Janvier, je montai fur le fommet
d'une montagne, & fut richement recom-
penfé de ma peine: car j'y vis la mer fur
la côte orientale de cette terre, & j'ob-
fervai un canal qui conduit de là dans la
mer à l'occident. Les jeunes lecteurs
trouveront ce canal marqué fur la carte.

Le 24, nous rendîmes vifite, dans leur
Hippaeh ou village fortifié, aux plus anciens amis que nous euffions dans cette
contrée, favoir à ceux, qui, à notre arrivée, s'étaient rendus les premiers auprès de nous: & nous fûmes reçus, comme partout ailleurs, de la maniere la plus
amicale. Ils nous ménerent partout dans
leurs demeures avec la plus parfaite confiance; & nous les trouvâmes auffi commodes que propres. Cet endroit eft également fitué fur un roc fi efcarpé, qu'une
fortification artificielle ferait abfolument
fuperflue. Néanmoins on l'avait environ-

né de légéres paliffades, & placé un échafaudage pour le combat à l'endroit, où il était encore poffible d'y gravir.

Les habitans de ce lieu nous apporterent auffi quelques offemens d'hommes dont la chair était tout-à-fait rongé, qu'ils offrirent de nous vendre; car notre empreffement à nous les procurer en avait fait un vrai article de commerce. Dans un endroit de ce village, nous apperçûmes, non fans furprife, une croix, qui reffemblait parfaitement à celles qu'on éleve dans les pays Catholiques-Romains, & qui était ornée de plumes. Leur ayant demandé, dans quelle vue cette croix avait été faite, ils nous répondirent, que c'était le monument d'un homme mort; mais continuant à nous informer de ce qu'ils avaient fait du corps de l'homme, en mémoire duquel ils avaient élevé cette croix? Ils ne voulurent point répondre à cette queftion.

Le lendemain, étant defcendus à terre dans une petite baie, pour tuer des cor-

beaux de mer, que nous trouvions d'un
goût excellent, nous rencontrâmes une
nombreufe famille d'Indiens. Quelques-
uns de ces bonnes gens vinrent d'abord
au-devant de nous, & nous inviterent à
les fuivre vers le refte de leur compagnons;
à quoi nous confentîmes fans balancer.
Tout le parti confiftait en une trentaine
d'individus, hommes, femmes & enfans.
Ils nous reçurent tous avec des marques
de l'amitié la plus cordiale. Nous leur di-
ftribuâmes quelques rubans & quelques
grains de verre; ce qui leur caufa une joie
inexprimable, au point que, tant jeunes
que vieux, ils nous fauterent au cou, en
nous embraffant & nous baifant tous de
la maniere la plus cordiale. Mais afin de
nous témoigner en même tems leur récon-
naiffance d'une façon plus réelle, ils nous
firent auffi préfent de quelques poiffons.

Le 22, accompagné de Mrs. Banks &
Solander, je montai encore fur une fort
haute montagne, pour éxaminer une fe-

conde fois, le détroit que j'avais découvert la veille & qui conduit de la mer à l'Est dans celle à l'Ouest. Nous eûmes le plaisir de le voir à plein de cet endroit. Ayant trouvé dans ce lieu une grande quantité de pierres, nous en construisîmes une pyramide, dans laquelle nous renfermâmes une balle, du petit plomb, des grains de verre, & autres bagatelles de cette espece que nous avions sur nous; pour faire connaître à tout Européen qui pourrait aborder dans ce lieu, & qui aurait envie de fouiller cet amas de pierres, que d'autres Européens l'y avaient déjà précédé.

Cet ouvrage achevé, nous visitâmes un autre village indien, situé comme le précédent sur un rocher en forme de petite île, & dont l'abord était si dangereux, que nous risquâmes de nous casser le cou, pour satisfaire notre curiosité. On nous y reçut également à bras ouverts; on nous conduisit partout, & l'on nous fit voir tout ce qu'on jugeait digne d'être vu. Ce village ainsi que l'autre, consistait en quatre vingts à cent maisons ; mais son assiete étant déjà naturellement forte, on n'avait eu besoin d'y construire qu'un seul échafaudage. Nous fîmes présent aux habitans, de quelques cloux, d'un peu de rubans & de papier, ce qui leur causa une te'le joie, qu'à notre départ ils remplirent notre canot de poissons secs, dont ils avaient fait d'amples provisions. On voit que la sublime vertu de la reconnaissance est sans doute un instinct créé en nous par Dieu même, puisque nous la trouvâmes chez ces enfans bruts de la nature, qui n'avaient reçu ni éducation ni principes. Cela fait honte à l'Européen élevé avec soin, qui souvent possède cette vertu si naturelle à l'homme, à un moindre dégré que le sauvage.

Le 30 j'envoyai dès le matin un canot à une île voisine, pour y cueillir du selleri. Tandis que nos gens s'occupaient de cette befogne, ils virent aborder environ une vingtaine d'indigènes, hommes, femmes & enfans, auprès de quelques cabanes inhabitées. Cinq à fix de ces femmes s'affirent tout de fuite à terre, & commencerent à fe déchirer horriblement les bras, les jambes & le vifage avec des coquillages ou des morceaux aiguifés de pierre de talc. Nos gens apprirent que leurs maris avaient été tués depuis peu par les ennemis, & que les femmes en témoignaient leur douleur d'une façon auffi cruelle. Ce qu'il y avait de plus fingulier dans cette affaire, c'eft que les hommes du pays, ne s'embaraffaient pas le moins du monde de cette horrible cérémonie, & que fans y faire attention, ils ne fongeaient qu'à réparer les cabanes.

Cependant, le charpentier du vaiffeau avait taillé deux poteaux, que je voulois laiffer dans ces lieux, comme un monument de notre féjour. J'y fis tailler le nom du bâtiment, ainfi que l'année & le mois du féjour que nous avions fait dans cet endroit, & je fis dreffer l'un auprès de l'aiguade, & l'autre, fur lequel j'arborai enfuite notre pavillon, dans une île voifine. Je fis en même tems expliquer par Tupia, à notre vieillard, qui affiftait à cette cérémonie, que nous élévions là un monument, pour donner à connaître à tous les autres vaiffeaux, qui pourraient aborder à l'avenir dans ces parages, que nous y avions déjà été. Non feulement les Indiens n'y trouverent rien à redire; ils promirent même de ne jamais abbattre ces poteaux. Je leur fis enfuite des préfens à tous; & en particulier au vieillard, à qui je donnai une piece de trois fous de l'année 1736, avec quelques grands cloux, fur lesquels la marque royale d'une large flêche était profondément frappée; car je crus que ces petits effets fe conferveraient parmi eux plus longtems que tous autres. Je fis enfuite l'honneur à cette contrée de lui donner le nom de Baie de la Reine-Charlotte, & j'en pris folemnellement poffeffion , ainfi que des régions voifines, au nom de Sa Majefté Britannique le Roi George. Après cette cérémonie nous vuidâmes une bouteille de vin à la fanté de la Reine, & fîmes préfent de la bouteille à notre vieillard, qui en eut une joie extrême.

Etant réfolu de remettre à la voile, auffitôt que je pourrais, pour chercher le canal que j'avais vu du haut des montagnes, j'allai encore une fois au Hippaeh voifin, où j'achetai une provifion confidérable de poiffons coupés & féchés, pour nous en fervir de provifions. Lorsque nous prîmes congé, quelques Indiens parurent affligés de notre prochain départ; d'autres en parurent fatisfaits. Il y en eut même, qui donnerent des marques vifibles de mécontentement, de ce qu'on nous vendait du poiffon.

Notre départ eut lieu le lendemain; mais faute d'un vent favorable, il nous fallut bientôt jetter l'ancre, Mrs. Banks & Solander profiterent de cette circonftance, pour tâcher de glaner encore un peu rélativement à l'Hiftoire-Naturelle. Etant retournés dans ce deffein à terre, ils rencontrerent la famille indienne la plus aimable qu'ils euffent encore vue. Une veuve & un jeune garçon de dix ans en étaient les principaux perfonnages. La veuve portait le deuil de fon mari, felon la coutume du pays, en verfant mainte goute de fang, & l'enfant, par la mort du père, était devenu maître de la contrée, où nous avions coupé notre bois. Ils étaient affis tous deux fur des nattes, & le refte de la famille, au nombre d'environ dix-fept, tant hommes que femmes, fe tenaient affis autour d'eux. Tout leur extérieur était doux, obligeant & fans méfiance. Ils donnerent à chacun de leurs hôtes d'Europe un poiffon & un tifon pour le préparer, les priant à plufieurs reprifes de demeurer auprès d'eux jusqu'à lendemain matin. Nos voyageurs fe feraient volontiers rendus à cette propofition, s'ils n'euffent dû craindre que dans cet intervalle le vaiffeau ne mît à la voile.

Nous cinglâmes enfin vers le détroit que nous avions découvert, mais peu s'en fallut, qu'avant d'y entrer, nous n'euffions le malheur de voir notre vaiffeau fe brifer contre un rocher. C'était au moment du reflux. Un courant d'eau venant de terre nous entraîna fi rapidement vers un écueil qui s'élevait perpendiculairement du fond de la mer, que nous n'en étions plus qu'à un cable de diftance, avant de pouvoir mettre en ufage le feul moyen qui nous reftait pour nous fauver. Il confiftait à jetter promtement une ancre, & cependant il n'était point encore décidé que cette ancre mordît ; elle le fit heureufement. Mais cela n'aurait pas fuffi pour nous tirer de ce danger, fi le courant, en heurtant contre l'écueil, n'eût pris une autre direction, & ne nous eût ainſi entrainés au-delà de la premſère pointe.

Quant au détroit même nous le traver⸗ ſâmes bientôt, étant pouſſés rapidement par le vent & la marée. Les naturels nomment le pays ſitué au Nord du ca⸗ nal, Eaheinomauwe, & celui du Sud, Poe⸗ naemmuh. Mrs. nos voyageurs nomme⸗ rent le canal, d'après mon nom, *le dé⸗ troit de Cook.*

21.

Navigation de l'embouchure orientale du détroit de Cook tout au tour de la par⸗ tie méridionale de la Nouvelle-Séelan⸗ de, au moyen de quoi le tour de tout ce continent fut terminé. Notices géné⸗ rales ſur la Nouvelle-Séelande. Deſcrip⸗ tion des Indigènes.

Après avoir ainſi fait le tour de la partie ſeptentrionale de la Nouvelle-Sée⸗ lande, c'eſt-à-dire de l'île de Eaheino⸗ mauwe,

mauwe, je refolus d'en faire de même de la partie méridiona'e, nommée Poenaemmuh. En conféquence, dès que nous eûmes débouqué le canal, je cinglai le long de la côte orientale, vers le Sud.

Les premiers naturels que nous apperçûmes dans cette nouvelle navigation, fe hazarderent à approcher avec leurs canots, jusqu'à la portée d'un jet de pierre ; mais là ils s'arrêterent, en nous regardant d'un air qui n'exprimait, qu'un étonnement ftupide. Tupia donnait tout l'eſſor poſſible à fon éloquence, pour les engager à s'avancer plus près ; mais fes foins furent inutiles Après nous avoir examinés ainſi pendant quelque tems, ils regagnerent le rivage.

Rien n'eſt plus fingulier, que les diverfes impreſſions que produiſit notre afpect imprévu dans différens endroits, fur les habitans du pays, & la diverfité de leur conduite envers nous. Tantôt, comme cette fois-ci, on nous regardait, avec

VI.   E

l'expreſſion muette de la ſurpriſe & de la crainte ; tantôt on nous traitait en ennemis déclarés, ſans que nous euſſions donné le moindre ſujet ; tantôt enſin on ne nous jugeait pas dignes de la moindre attention ; d'autres fo's encore, les Indiens venaient à notre bord, avec la plus grande confiance, ſans attendre même notre invitation. On voit par là, que, ſi nous avions eu la préſomption de décrire le caractère & les mœurs de ces gens là dès notre prémiére ou ſeconde entrevue avec eux ; & ſi, à l'exemple de tant de voyageurs, nous euſſions voulu attribuer inconſidérement à toute la nation, ce que nous obſervions de la part de quelques individus, notre deſcription aurait été bien ſurchargée d'erreurs. J'obſerve ceci, afin que mes jeunes Lecteurs apprennent, qu'on ne ſaurait être trop circonſpect dans ſes jugemens, ſur-tout quand ils ont pour objet des nations ou des ſocietés nombreuſes.

Le 17 Février, nous nous trouvâmes auprès d'une île, que je nommai Ile-Banks, à l'honneur de Mr. Banks. Elle était éloignée de nous d'environ cinq lieues marines. Delà nous navigeâmes, fans autre événement remarquable, jusqu'au 9 Mars, jour auquel nous parvînmes à la dernière pointe méridionale de ce continent. Je la nommai Cap-Sud, & enfuite nous commençâmes à cingler au Nord, en longeant la côte occidentale. Nous apper-çûmes bientôt une île à laquelle je donnai le nom d'Ile-Solander.

Le continent de ces régions confifte en chaines de montagnes d'une hauteur pro-digieufe & toutes nues, fi ce n'eft que le fommet en eft couvert de neiges, qui pa-raiffent y être depuis le tems de la création. On ne faurait fe faire une idée d'une contrée plus âpre, plus fauvage & plus déferte. La chaine de montagnes traverfe tout le continent du Sud au Nord.

Le 27 May, j'arriv... derechef dans la région à laquelle j'avais donné le nom de Baie ... la Reine-Charlotte, de forte que nous avions achevé le tour de tout le pays. Notre provifion d'eau étant confumée, je dûs fonger à la renouveller avant de nous éloigner. Pour cet effet, je fis jetter l'ancre dans une petite baie à côté de celle de la Reine. Nous allâmes enfuite à terre, où nous trouvâmes beaucoup de cabanes abandonnées, mais pas un feul être vivant.

Pour retourner en Angleterre, j'avais maintenant à choifir entre la route que nous avions faite en venant, c'eft-à-dire de doubler le Cap Hoorn, à Terre de Feu; ou de voguer droit au Cap de bonne Efpérance; ou enfin de regagner l'Europe en paffant par les Indes orientales. Après avoir tenu confeil à ce fujet avec mes officiers, je pris ce dernier parti auquel je fus déterminé par de très-fortes raifons.

Mais avant de quitter entièrement la Nouvelle-Séelande, il faut que je donne en abrégé le résumé de ce que nos obfervations nous ont fourni de plus intéreffant fur ce pays remarquable : ce qui fup pléera à ce que je puis avoir omis dans ma narration.

Les deux îles qui forment cette terre, s'étendent entre les trente quatre & les quanrante-huit dégrés de latitude méridionale, de forte que toute leur longueur, depuis le Cap Nord, jusq'au Cap Sud, fe monte à deux cents milles géographiques. (de 15 au dégré).

L'île méridionale, nommée *Poenaemmuh*, eft un pays extrêmement montagneux, ftérile, & inhabité felon toutes les apparences. Excepté l'indigène que nous trouvâmes dans la Baie-Charlotte, & le petit nombre de ceux qui vinrent nous examiner dans l'éloignement, nous n'y apperçumes pas une ame. Mais l'île feptentrionale, nommée Eaheinomauwe, offre un bien plus bel afpeĉt. Elle eft montagneufe auſſi, il eft vrai ; mais les montagnes y font couvertes de bois, & les vallées qui les feparent font arrofées de ruiffeaux & de rivières. Nous jugeàmes tous, que toutes les efpeces de grains & de légumes d'Europe y réuffiraient parfaitement. Durant l'été, nous ne trouvâmes pas la température différente de ce qu'elle eft en Angleterre; mais l'hyver doit y être beaucoup plus doux à en juger par diverfes plantes, que nous y rencontrâmes. Je penfe donc que ce pays pourrait fournir richement non feulement tous les befoins de la vie, mais même les fuperfluités moins urgentes de l'aifance, à une colonie Européenne.

En fait de quadrupédes, nous ne vîmes que des chats & des chiens; encore les premiers nous parurent-ils fort rares. Les chiens vivent là comme chez nous, parmi les hommes, qui fe fervent de leur chair pour nourriture & de leur peau pour

vêtement. Une circonstance nous persua-
da qu'il n'y avait pas d'autres quadrupédes sur ce continent, c'est que nous n'apperçûmes jamais aucun indigène revêtu
d'une autre peau. Parmi les oiseaux, dont
les especes sont également en petit nombre, il n'y en avait aucune habituée en Europe, si ce n'est les mouettes de terre.
Il y a bien des oies, des corbeaux de mer,
des faucons, des hiboux, & des cailles,
qui ressemblent en quelque façon aux nôtres; mais en les examinant de plus près,
nous trouvâmes entre eux des différences
notables. Cependant si les indigènes manquent d'animaux terrestres, comme nous
crûmes le voir, la nature les en a am-
plement dédommagés par une abondance
& une variété extrêmes de poissons aussi
salubres qu'exquis.

Quant au régne végétal, cette terre
produit dans ce genre, des arbres admi-
rables, qui forment d'immenses forêts.
Ils feraient propres, par leur grandeur,

la beauté de leur cru, & leur bois foliae & durable, à toutes les conftructions pof-fibles, excepté à en faire des mâts, car ils font trop pefans pour cela. Nous en diftinguâmes furtout une efpece durant notre féjour, par fa fleur fingulière qui eft couleur d'écarlate, & confiftant en plufieurs filets entrelaffés. Cet arbre eft de la taille d'un chêne, & fon bois extrê-mement dur & pefant. Le fol où croiffent ces bois eft presque tout couvert d'herba-ges très-élévés, qui fournirent à nos na-turaliftes une riche moiffon de plantes bo-taniques. Le nombre de légumes que nous y apperçûmes était très-borné. Il y avait entr'autres du fellerie fauvage & une efpe-ce de creffon, que nos gens trouverent également agréables au goût & falutaires Les indigènes cultivent auffi des citrouil-les, dont ils emploient les coques à tou-te forte de vafes.

On trouve dans ce continent le mûrier de la Chine; mais il y eft très-rare. Les indigènes en font une étoffe, comme les habitans des îles de la mer du Sud ; mais en fi petite quantité, qu'ils ne la portent qu'en forme de pendans d'oreille, comme d'autres ornemens. Pour des arbres fruitiers, nous n'en vîmes aucun, à moins qu'on ne veuille ranger dans ce nombre un arbufte, qui portait une baie tout-à-fait infipide. En revanche, le terrain produit une plante dont les indigènes fe fervent comme de lin & de chanvre, & avec tant d'adreffe, que les ficelles & les cordes qu'ils en font, furpaffent de beaucoup en force & en durée, tous les ouvrages de ce genre qu'on fait en Europe.

Quant à la queftion, fi ce pays eft riche en métaux ? nous ne faurions la decider, n'en ayant qu'une connaiffance très fuperficielle. Tout ce que nous pûmes obferver rélativement à ce point, ce fut une quantité de fable ferrugineux, que nous trouvâmes dans la Baie-Mercure.

Les naturels du pays font en général de la plus haute taille d'Europe, ayant tous les membres forts & charnus, mais fans cet embonpoint, qu'ont les habitans des îles de la mer du Sud, qui vivent dans l'oifiveté & dans la molleffe. Ils font au contraire laborieux & forts, & montrent une adreffe extréme dans tout ce qu'ils font. Leur couleur en général eft brune, & nous ne vîmes qu'un petit nombre d'individus d'une couleur plu foncée que celle d'un Efpagnol fort hâlé. Les deux fexes portent presque les mêmes vêtemens, de forte qu'on ne peut guere diftinguer les femmes qu'à l'extrême douceur de leur voix. Ils ont les cheveux ainfi que le poil noirs; mais leurs dents en revanche font blanches comme l'ivoire, & fort bien rangées. Les deux fexes ont les traits agréables, & paraiffent jouir d'une fanté également durable & parfaite.

Ils ont entre eux les manieres extrèmement douces; mais ils portent une haine implacable à leurs ennemis, & ne leur donnent jamais de quartier. La caufe des inimitiés perpétuelles, qui fubfiftent entre leurs différentes peuplades , & celle de l'ufage horrible où ils font de manger de la chair humaine, paraiffent provenir du defaut de fubfiftances néceffaires. Accoutumés à une guerre perpétuelle, ils fe montraient toujours prêts à nous attaquer, dès que nous nous préfentions pour la prémière fois dans une contrée. Au commencement ils ne connaiffaient de fupériorité que celle du nombre ; & toutes les fois qu'ils croyaient l'avoir, ils regardaient tous les foins que nous nous donnions, pour leur infpirer des fentimens plus doux, comme des marques de pure crainte. Mais dès qu'ils apprirent à connaître l'effet de nos armes à feu, & qu'ils furent convaincus, que nous n'employions nos armes deftructives que pour une jufte défenfe, & toujours avec la plus grande modération ; ils fe montrerent pleins de douceur,

d'amitié & de confiance à notre égard.
Une chofe qui mérite encore d'être ob-
fervée, c'eft que dès que nous avions établi un commerce amical & régulier avec
eux, nous trouvions rarement occafion
de nous plaindre de vol ou de fupercherie de leur part. Mais tant qu'ils nous re
gardaient encore comme ennemis, & comme des gens qui cherchaient à s'enrichir
à leurs dépens, ils ne balançaient jamais
à faifir toutes les occafions de nous tromper & de nous duper.

Quant à la pudeur, il y avait une grande différence entre leurs mœurs, & celle
de nos amis dans la mer du Sud. Car dans
leurs difcours & dans toute leur conduite,
ils obfervaient autant de retenue, de mo-
deftie & de décence, qu'on en trouve
parmi les nations les plus policées de
l'Europe.

La vilaine coutume qu'ils ont d'oindre
leurs cheveux d'huile de baleine & de
graiffe fondue, ainfi que les Islandais

rend ces gens puans comme les Hottentots.
Les hommes ont la barbe courte : ils fe
lient les cheveux fur le fommet de la
tête, & y fourrent un peigne d'os ou de
bois, avec toutes fortes de plumes en
guife de parure. Les femmes au contraire
portent les cheveux quelque fois coupés,
d'autres les laiffent flotter fur les épaules.
Les deux fexes fe marquent le corps de
taches noires qu'ils nomment Amoko, &
ils s'y prennent exactement de la même
manière que les habitans des îles de la
mer du Sud, pour les graver fur leur
corps. Les femmes ne fe teignent communément que les lévres, outre quelques
petites taches no res qu'elles s'impriment
ça & là fur le corps, comme qui dirait
des mouches. Mais les hommes femblent
étendre cette parure, à méfure qu'ils avancent en âge, de façon que quelques-uns
d'entre eux, qui paraiffaint très-âgés, en
étaient presque couverts de la tête aux
pieds. Outre l'Amoko ils fe font auffi
graver des fillons ou des lignes fpirales,

femblables aux entaillades qu'on fait à l'écorce de jeunes arbres. Ces lignes font également teintes en noir, ce qui donne un air vraiment horrible au vifage de ces gens-là. Au refte, ces lignes font fort égales, & tracées d'une façon tout à fait fymmétrique des deux côtés du vifage. Leur imagination eft d'ailleurs fi fertile à inventer de nouveaux deffeins, qu'entre cent on en trouverait à peine deux marqués d'une manière parfaitement femblable. Ce qu'il y a de remarquable là-dedans, c'eft que le derrière, que les Otaheitiens furchargent le plus de ces ornemens, en eft tout à fait dépourvu chez les habitans de la Nouvelle-Sécland. Ceux-ci ne fe contentent pas des marques & des lignes profondement impreignées dans leur peau, & telles que nous venons de les décrire ; ils fe teignent encore le corps d'arfenic rouge, dont ils fe frottent à fec jufques dans la peau, ou dont ils s'appliquent de grands platras en l'humectant

Mais pour que mes jeunes Lecteurs se faffent une idée plus vive de l'air étrange d'un homme de la Nouvelle-Séelande, que celle qu'en peut donner une fimple defcription verbale, nous avons pris foin d'en joindre ici le deffein.

Les vêtemens de ces gens font faits avec auffi peu d'art que poffible. Ils font des feuilles d'une efpece d'iris, une natte groffière & effilée, avec laquelle ils fe couvrent de la manière fuivante : Ils en ont deux pieces, dont ils roulent l'une autour du corps & jettent l'autre par-deffus les épaules. Celle-ci ouverte par devant, leur tombe jusque fur les genoux, & l'autre traîne presque jusqu'à terre. Outre ces nattes, ils fe fervent encore d'une efpece de drap, dont la furface eft liffe, & qui reffemble presqu'à celui que font les habitans de l'Amérique feptentrionale. On le fait dans une efpece de cadre, auffi grand que la piece qu'on veut fabriquer. Ce cadre a communément cinq pieds de long fur quatre de large. Ils tendent fur ce cadre les fils qui vont en long, c'eft-à-dire la chaire, après quoi ils y font entrer les fils en large, ou la trame avec la main, ce qui doit être un travail très long & fort penible.

Leur plus grande parure confifte en fourrures que leur fourniffent les peaux de leurs chiens. Auffi en font-ils fi économes, qu'ils les coupent en bandes, qu'ils coufent de diftance en diftance fur les habits. On pourroit en augurer que la race des chiens n'eft rien moins que nombreufe parmi eux. De tems en tems nous vîmes quelques Indiens qui avaient bordé leurs habits de plumes, au lieu de fourrure; & il en vint une fois un, dont le vêtement entier était couvert de plumes rouges de perroquet.

Les femmes de ce pays paraiffent faire une exception remarquable à tout le refte du fexe; c'eft-à-dire, qu'elles ont l'air d'être plus indifférentes que les hommes en fait de parure et de vêtemens. Elles portent les cheveux ou coupés tout courts, ou quand elles les laiffent croître comme les hommes, au lieu de les attacher comme eux fur le fommet de la tête ou de les parer de plumes, elles les laiffent flot-

ter naturellement fur les épaules. Leurs
vêtemens font exactement les mêmes que
ceux des hommes, excepté qu'elles attachent la piece d'étoffe d'en bas ferme-
ment affujettie autour du corps, & qu'elles ne la quittent jamais, que quand elles
entrent dans l'eau pour chercher des
crabbes. Ces femmes méritent également,
par leur pudeur, de fervir de modele à
bien des femmes d'Europe.

Les deux fexes fe percent les oreilles,
& les ouvertures par les efforts fucceffifs,
pour les élargir, deviennent fi grandes,
qu'on peut y paffer facilement le doigt. Ils
y attachent toute. fortes d'ornemens, qu'
n'en font cependant qu'à leur goût, &
point au nôtre: comme des morceaux de
drap, des plumes, des os de grands oi.
feaux, & quelquefois même de petits bâtons. Ils avaient auffi coutume de conferver dans cette partie les cloux qu'ils
recevaient de nous; et en général ils y
fourraient tout ce qu'il était poffible d'y

affujettir. Les femmes y paffent auffi
quelquefois des plumes blanches comme
la neige, provenant de certains oifeaux
de mer , & les étendent enfuite derrière
& devant l'oreille, en bouquet d'environ
la groffeur du poing. Cela leur donne
fans doute un air étrange, mais nullement
défagréable. O tre cela ces peuples fe
paffent auffi des cordons à l'oreil'e, auxquels ils fufpendent encor d'autres ornemens, tels qu'un cifeau, un poinçon faits
de pierre de talc verte, ou des cloux et
des dents de leurs parens morts, des
dents de chien, en un mot, tout ce que
la rareté ou d'autres motifs leur rendent
précieux.

Les femmes ornent auffi leurs bras ou
leurs pieds, d'anneaux qu'elles font d'os
d'oifeaux, de coquillages, ou d'autres
chofes fufceptibles d'être percées & tra-
vaillées. Quelques Indiens portent en .
revanche un cordon autour du cou, auquel pend un morceau de pierre de talc

ou d'os de baleine en forme de langue, fur laquelle on voit la figure d'une nomme, mais groffièrement tracée, comme on peut fe l'imaginer. Ils font grand cas de cet ornement. Nous en vîmes un, qui s'était percé le cartilage de la cloifon entre les narines, & qui y avait paffé une plume, qui lui pendait des deux côtés fur les joues. Sans doute que c'étoit auffi une parure.

Ceci prouvera à nos jeunes lecteurs, combien le goût des hommes differe dans différentes contrées ; ils en feront toutefois moins étonnés, s'ils fongent aux rapides variations de nos modes chez nous, qui prétendons avoir le goût formé et délicat. En effet, la mode en Europe, fait rendre laid ce qui eft beau, & beau ce qui eft laid. Le fage, à cet égard, ainfi que dans fes actions & dans fa maniere de vivre, s'en tient autant qu'il peut à une noble fimplicité, obfervant ainfi un jufte milieu entre les extrêmes de la vi-

eille & de la nouvelle mode. Il en retire
le double avantage, de ne pas trop s'é-
loigner des régles du vrai bon gôut, et de
n'avoir pas befoin de changer d'habit
tous les mois, fans affecter cependant
de la fingularité dans la façon de fe mettre. Cette conduite ne meriterait-elle
pas d'être fuivie par tous les hommes
fenfés ?

22.

*Des habitations, de la nourriture & du
genre de vie des Indigenes. De leur
navigation, de leurs outils, de leurs armes de leurs danfes & de leurs chants
de guerre, de leur réligion & de leur
langue.*

Il n'y a rien à qroi les habitans de ce
pays emploient moins de foins & d'art,
qu'à la conftruction & à l'arrangement de
leurs habitations. Leur grandeur près,
à peine font-elles auffi bonnes & commodes, que ne l'eft chez nous un chenil.

La partie principale, ou, si l'on veut, la charpente de ces edifices, consiste en perches assez minces : les parois n'en sont formées que de foin, ainsi que le toît. Quelques-uns y ajoutent une couverture d'écorce d'arbres. L'entrée en est si étroite qu'un homme a de la peine à s'y glisser à quatre. Tout auprès de cette prétendue porte, est une ouverture quarrée qui sert en même tems de fenêtre & de cheminée; car le foyer se trouve placé au même bout, presqu'à égale distance des deux côtés de la demeure. La place, qui y est destinée, est séparée du reste par un enclos de bois ou de pierre, et c'est au milieu de ce quarré vuide qu'on allume du feu. Une telle habitation a cinq à six pieds de haut, & rarement plus de dix-huit à vingt pieds de large.

Leurs meubles & leurs outils sont en très-petit nombre. Ils consistent en corbeilles pour les alimens, en calebasses, en maillets dont ils battent la racine de sougère, & en quelques autres outils simples et malfaits, qui forment, avec leurs habits, leurs armes, & quelques plumes pour s'en orner les cheveux, toutes les richesses qu'ils possédent.

Quelques-uns des principaux du pays, dont les familles sont nombreuses, ont un emplacement de trois à quatre maisons, entouré d'un enclos fait de perches entre lesquelles on a fourré du foin, & qui peut avoir dix à douze pieds de haut.

Nous avons déjà parlé de la manière dont ils construisent leurs villages ou leurs villes, & dont ils les fortifient.

Quoique ces gens soient assez à couvert de l'intempérie de l'air dans leurs maisons, ils ne paraissent aucunement craindre d'y être exposés dans leurs courses, lorsqu'ils vont soit à la pêche, ou ramasser des racines de fougère. Dans ces occasions, ils élevent bien quelquefois une espece d'abri contre le vent, mais souvent ils négligent cette précaution, &

nous les avons vus fe coucher avec leurs femmes et leurs enfans, fous quelques buiffons, après avoir pofé, leurs armes près de quelques arbres.

Leur principale nourriture confifte en racines de fougère, qui leur tiennent lieu de pain. Les oifeaux ne leur fournif-fent à leurs repas, que de tems à autre; mais en revanche ils ont plus fouvent du poiffon : auffi ont-ils pouffé l'art de fa-briquer des filets plus loin qu'aucun au-tre peuple du monde.

Ils n'ont aucun vafe propre à faire bouillir de l'eau, & par conféquent toute leur cuifine fe borne à rôtir & à étuver. Ils font l'un & l'autre à-peu-près de la même manière que les habitans des îles de la mer du Sud.

Dans les régions feptentrionales. on voit, ainfi que nous l'avons dit, beaucoup de champs bien cultivés, où ils cultivent des racines d'igname & des patates dou-ces ; mais on ne trouve rien de pareil dans la région antarctique. Les provifions de poiffons et de racines de fougères féchés, qu'ils avaient ramaffées, et dont nous ne pouvions les engager qu'avec peine à nous céder quelque portion, prouvent que ces alimens ne fe trouvent pas dans toutes les faifons. Ce point parait confirmer l'opinion, où je fuis, que ce pays produit à peine ce qu'il faut pour nouriir le nombre actuel affez borné de fes habitans, & que c'eft la faim qui les oblige à vivre en guerres continuelles entre eux, & à manger leurs ennemis tués.

Suivant tout ce que nous avons pu apprendre, l'eau forme abfolument leur unique boiffon. Ils ne paraiffaient connaître aucun moyen de s'enivrer, & fur ce point ils font plus heureux qu'aucun peuple que je connaiffe.

L'intempérance & l'oifiveté étant les fources de la plupart des maladies, il n'eft pas étonnant, qu' avec leur vie frugale, conforme à la nature & toujours acti-

VI.   F

ve, ces hommes jouissent d'une santé aussi parfaite que constante. Nous avons été très-souvent dans leurs demeures, nous les avons observés attentivement; & jamais nous n'avons pu déco parmi eux un seul individu attaqué d'une maladie, ou ayant quelque défaut corporel. Au contraire, la facilité et la promtitude, avec laquelle les blessures qu'ils avaient reçues durant notre séjour et dont quelques-unes étaient certainement dangereuses, se guérissaient d'elles-mêmes et sans le secours d'aucun rémede, font une preuve décisive de leur parfaite santé & de la pureté de leur sang. Nous en trouvâmes une autre preuve dans le grand nombre de vieillards, que nous vîmes parmieux. Plusieurs nous parurent très-âgés comme on pouvait en juger, parcequ'ils avaient perdu leurs dents & leurs cheveux; & cependant il n'y en avait aucun qui fût débile comme le font chez nous les personnes d'un grand âge; nous observâ mes en outre, que quoi qu'ils n'euſſent plus la même force que les jeunes gens, ils ne leur cédaient point en gaîté & en vivacité.

Jeune lecteur! ſi la ſanté, ſi une lon_ gue vie, ſi l'exemption de douleurs cor- porelles, ſi la gaîté & la bonne humeur te paraiſſent des biens déſirables, ap- prends encore par cet exemple, les mo- yens de te les procurer. Mene une vie (non abſolument ſemblable à celle d'un ſauvage de la Nouvelle - Seelande,) - mais pourtant conforme à la nature, ſimple, ſobre et laborieuſe, autant que cela eſt poſſible à un habitant civiliſé de nos pays policés! C'en eſt le moyen infaillible! Rejette toutes les jouiſſances artificielles ; borne-toi au néceſſaire, à ce qui eſt ſimple & naturel; fuis les plaiſirs du luxe, & accoutume-toi à une activité continuelle du corps & de l'eſprit! L'hiſtoire de tous les tems & de tous les peuples nous apprend, que c'eſt un moyen aſſuré de ſe procurer la ſanté du corps & de l'eſprit. —

L'adreſſe des habitans de la Nouvelle-Séelande, en fait d'ouvrages faits de main d'hommes, éclate ſurtout dans leurs canots. Ils ſont étroits, ſans doute, mais d'une longueur à porter quarante, quatre-vingts & même jusqu'à cent hommes. Nous en méſurâmes un qui avait ſoixante huit pieds & demi de long, ſur cinq pieds de large, & quatre pieds & demi de profondeur. Le fond ſe terminait en dos d'âne, & chaque bord conſiſtait en une ſeule planche, très-adroitement emboitée & attachée au fond. Il y avait un certain nombre de traverſières, paſſant du bord ſupérieur d'un des côtés jusqu'à celui de l'autre, très bien attachées, & qui ſervaient beaucoup à renforcer le canot. Le miroir a) à la proue, s'élévait de cinq

a) C'eſt ainſi qu'on nomme l'extrêmité re-courbée & communément ornée de ciſelu-res, à la poupe & à la proue du vaiſſeau.

pieds, & celui de la pouppe d'environ quatorze pieds au deſſus du canot. L'un & l'autre conſiſtaient en planches, ornées d'un bout à l'autre de ciſelures. Les petits canots, deſtinés à la pêche, portent à cet endroit la figure d'un homme avec un viſage horrible, ayant une langue énorme qui lui ſort de la bouche. Ils marquent les yeux avec une certain coquillage. Les canots plus grands, qui paraiſſent deſtinés à la guerre, ſont ſuperbement travaillés à jour, & ornés en outre de bouquets de plumes noires qui y ſont ſuſpendus & leur donnent un fort bel aſpeſt. Souvent auſſi les côtés en étaient ciſelés au haut d'un goût particulier, & ornés de bouquets de plumes blanches placés ſur un fond noir.

Leurs rames ſont petites, légeres & joliment faites. Le bout large ou la pelle en eſt ovale, pointue par le bas, large au milieu, & à ſe perdre dans la forme du manche. Toute la rame a environ ſix

pieds de long. Ils s'en fervent avec beaucoup d'adreffe, & font aller le canot, par
leur moyen, avec une vîteffe furprenan-
te. Ils font moins habiles à aller à la voile.
C'eft-à-dire qu'ils ne favent qu'aller vent
en pouppe, & qu'ils n'entendent rien à
l'art de manœuvrer contre le vent. Au
refte, leurs voiles ne confiftent qu'en
nattes.

Leurs outils font la hache, le rabot
& le cifeau. Ils fe fervent auffi de celui-
ci, comme d'une alène pour faire des
trous. Faute de métaux, ils font les ra-
bots & les haches de pierre de talc verte,
ou d'une efpece de pierre noire fort dure:
quant au cifeau, il eft fait ou d'offemens
humains ou de Jafpe. De tout ce qu'ils
poffédent, le meuble le plus précieux à
leurs yeux, ce font les haches. Jamais ils
ne voulurent nous en ceder une, quelque
prix que nous leur en offriffions. Ils re-
fufaient même fans balancer la meilleure
hache d'Europe en échange. Je préfume

de cette circonſtance, qu'une bonne hache doit être une grande rareté parmi eux. Un jour que nous avions donné pluſieurs morceaux de verre à quelques-uns de ces Indiens, nous vîmes bientôt après qu'ils avaient trouvé moyen d'y percer un trou, pour ſe les ſuſpendre au cou par un cordon, en guiſe de parure. Nous n'avons pu apprendre comment ils s'y prennent, pour rendre leurs grands outils tranchans, & pour affiler l'arme qu'ils nomment Paetu-Paetu. Apparemment qu'ils y parviennent, en réduiſant en poudre un morceau de la même pierre, & en frottant deux morceaux, avec cette poudre entre deux, l'un contre l'autre.

Ils ſont auſſi fort-habiles cultivateurs, & ſavent travailler la terre au moyen d'une bêche de bois, au point qu'elle paraît auſſi légére, que celles dont on ſe ſert pour nos jardins. Partout où ils voulaient faire germer quelque choſe, la terre était un peu élévée. Ces petits tas de terre

étaient tous placés très-régulierement &
en ligne parfaitement droite tant en long,
qu'en large, & en diagonale. Ils étaient
tous tirés au cordeau, car nous trouvâmes encore quelques cordeaux dans les
champs, avec les chevilles qui y appar-
tenaient.

Quant à l'art de la guerre, ils s'y font
appliqué avec un foin tout particulier ; &
leurs armes font toutes très-bien imagi-
nées pour tuer. Elles confiftent en lances,
en dards, en haches d'armes, & en ce
Paetu-Paetu dont nous avons déjà fi fouvent fait mention. La lance a quatorze à
quinze pieds de long, & communément
un os en pointe des deux côtés. Ils faifi-
fent cette arme par le milieu, de manière
à la tenir en équilibre, ⌐ce qui en rend le
coup beaucoup plus jufte. Ils ne connaiffent ni arc ni fronde. Au lieu de ces armes,
ils fe fervent de dards & de pierres, qu'ils
favent très-habilement lancer de la main.

Dans leurs combats, fur mer comme fur terre, ils fe joignent toujours, & combattent corps à corps. Il faut fans doute que ces combats foient bien meurtriers, d'autant plus que leurs armes font faites de manière à abattre leur adverfaire d'un feul coup. Le Paetu-Paetu eft celle fur laquelle ils comptent le plus. Auffi la portent-ils liée au poignet par une forte ficelle, afin que perfonne ne puiffe la leur arracher des mains. Les perfonnes d'un rang plus élévé parmi eux, la portent attachée à la ceinture, & elle eft chez eux ce que le poignard eft en Afie pour les perfonnes de condition, & l'épée pour celles d'Europe. Ils ne connaiffent aucune arme défenfive; mais leurs chefs, outre leurs armes, portent un bâton de commandement, à peu près comme l'efponton de nos officiers. Ce bâton était fait communément d'une côte de baleine blanche, comme la neige, & orné d'un bout à l'autre de cifelures, & quelquefois mê

me de poils de chien ou de plumes. Il y
en avait cependant qui n'étaient que de
bois, longs de six pieds, mais ornés de
la même manière, & de plus incrustés
d'une espece de coquillage semblable à
notre nacre de perles. C'étaient communément des vieillards qui portaient ces
marques de distinction, & leur corps
était plus orné d'Amokos, que les autres,

Toutes les fois qu'ils voguaient vers
nous pour nous attaquer, on voyait toujours dans chaque canot, au moins un de
ces hommes remarquables, se lever de
son siège, dès qu'ils se trouvaient à un
cable de distance du vaisseau, & se couvrir d'un certain vêtement, dont apparemment ils ne se servent que dans ces
occasions, & qui était presque toujours
fait de peau de chien. Dans cette parure,
tenant un bâton de commandement ou
une arme à la main, ces chefs ordonnaient
à leurs gens ce qu'ils devaient faire. Communément ils commençaient alors à nous

défier de loin au combat ; & voici les mots dont ils fe fervaient presque toujours à cet effet. *Haromaï, Haromaï, Haerre, Juta ae Paetu-Paetu, Oge! Venez, venez à terre, nous vous tuerons tous avec notre Paetu-Paetu.* C'était avec ces menaces qu'ils approchaient peu-à-peu du vaiffeau, jusqu'à ce qu'ils en fuffent tout près. Quelquesfois ils les entremêlaient auffi de difcours fort pacifiques, & répondaient même à toutes les queftions que nous leur faifions. Mais le moment d'après, ils rénouvellaient leur défi, & enfin, enhardis par notre crainte apparente, ils commençaient leur chant & leur danfe de guerre. Cette cérémonie était toujours fuivie d'une attaque, qui ne finiffait guère, qu'après nous avoir mis dans la néceffité de les chaffer par quelques coups à dragée. Quelquesfois ils fe contentaient de nous jetter quelques pierres dans le vaiffeau, pour avoir au moins l'honneur de nous avoir fait une injure,

La danfe guerrière confifte en divers mouvemens violens, & en plufieurs contorfions horribles des membres. La phyfionomie y joue auffi fon rôle. Ils tirent la langue d'une façon incroyable, & ils écartent les paupières à un point, qu'on leur voit le blanc des yeux tout autour de la prunelle, ce qui leur donne un air effrayant. En un mot, ils ne négligent rien de ce qui peut rendre la figure humaine affreufe & terrible. Ils brandiffent en même tems leurs lances, ils fecouent leurs javelots, & frappent l'air de leur Paetu-Paetu. Ils accompagnent cette danfe horrible d'un chant, dont la mélodie eft fauvage, il eft vrai ; mais nullement désagréable. Chaque couplet fe termine par un foupir profond & éclatant, qu'ils pouffent tous à la fois. La force & l'agilité qu'ils déploient dans cette danfe guerrière, & la jufteffe avec laquelle ils obfervent la mefure, exciterent toute notre admiration.

Leurs chants paifibles, furtout ceux des femmes dont la voix eft également douce & fléxible, font auffi agréables que touchans. La mefure en eft lente, la mélodie mélancholique, & il y régne plus de goût qu'on ne devrait en attendre de pauvres fauvages ignorans, habitant un pays à demi défert.

Ils ont des inftrumens fonores, mais qui ne méritent guère le nom d'inftrument de mufique. L'un eft ce coquillage, que l'on nomme la trompe des tritons. Le fon qu'ils en tirent reffemble à celui que forment nos garçons en fonnant d'un cornet à vache. L'autre eft un chalumeau de bois, tout auffi peu propre à la mufique. Ils paraiffent fentir cela eux mêmes; car jamais nous ne les avons entendus, les accompagner de leurs chants, ni en tirer des fons méfurés, qui euffent la moindre apparence de mélodie.

Quant à la religion de ces gens-là, voici tout ce que nous pûmes en tirer. Ils croient à un Être Suprême , mais , comme tous les autres hommes , dont l'esprit est trop faible & trop enfantin pour pouvoir s'élever à l'idée d'un seul Dieu tout parfait; ils lui adjoignent encore des Dieux subalternes. Touchant l'origine du monde, & celle de la race humaine, ils nous donnerent à-peu-près les mêmes notions que nos amis à Otaheite. Cependant Tupia paraissait avoir des connaissances beaucoup plus profondes & plus étendues, en fait de religion, qu'aucun homme de cette nation : car toutes les fois qu'il condescendait à les instruire, ce qu'il faisait quelquefois par un long discours, il ne manquait jamais de rassembler une foule d'auditeurs autour de lui, qui l'écoutant dans le plus grand silence, prêtaient une attention si grande & si respectueuse à toutes ses paroles, que nous leur aurions volontiers souhaité un plus habile docteur.

Il nous a été impoſſible de découvrir la moindre trace de culte extérieur chez ce peuple. Jamais nous n'y vîmes de bâtimens ou de lieux féparés, deſtinés à cet uſage, tels que les Moraïs dans les îles de la mer du Sud. Nous obſervâmes une feule fois, à côté d'un champ planté de patates, une petite place quarrée entourée de pierres, au milieu de laquelle on avait planté un bâton pointu, dont ils fe fervent comme de bêche, & auquel on avait fufpendu une corbeille de racines de fougère. Nous queſtionnâmes les habitans fur ce fujet, & ils nous répondirent que c'était une offrande pour les Dieux, au moyen de laquelle on efpérait d'obtenir leur bénédiction, & une récolte abondante.

Au reſte, pluſieurs circonſtances nous ont évidemment prouvé, que les naturels de ce pays & les habitans des îles de la mer du Sud doivent avoir la même origine, & que les ancêtres communs de ces

deux peuples, foient venus du même
pays. Ils ont tous deux la même tradition,
fuivant laquelle leurs premiers ancêtres doivent être venus, dans un fiecle fort récu-
lé, d'un autre pays qu'ils nomment Hi-
wije. Mais ce qui rend la chofe certaine
c'eft la reffemblance de leur langue. Elle
eft fi frappante, ainfi que nous l'avons
dit plus haut, que ce peuple comprit tout
ce que lui difait Tupia, chaque fois qu'il
lui parla. Voici un petit recueil de mots,
propre à faire connaître cette reffemblance.

Mots Français. de la N. Séeland. d'Otaheite.

Chef,	— Earetee,	— Earee.
Homme,	— Taata,	— Taata.
Femme,	— Whahine,	— Ivahine.
Poiffons,	— Heica,	— Eica.
Patates,	— Cumula,	— Cumala.
Oifeau,	— Mannu,	— Mannu.
Un,	— Tahai,	— Tahai.
Deux,	— Rua,	— Rua.
Trois,	— Torou,	— Torou.

Quatre,	—	Ha,	— Hea.
Cinq,	—	Rema,	— Rema.
Six,	—	Ono,	— Ono.
Sept,	—	Etu,	— Hetu.
Huit,	—	Warou,	— Warou.
Neuf,	—	Iva,	— Heva.
Dix,	—	Angahourou,	— Ahourou.

Cet échantillon prouve clairement, que la langue de la Nouvelle-Séelande & celle d'Otaheite font au fond les mêmes, & qu'elles ne different entre elles que comme des dialectes.

Si l'on me demande : quel eft le pays originaire de ces deux peuples, je n'oferai réfoudre pofitivement cette queftion. Ce dont perfonne de nous n'a pu douter, c'eft qu'ils ne font point venus d'Amérique. D'un autre côté, l'opinion, d'un grand continent inconnu jusqu'ici, fitué vers le Sud, eft devenue extrêmement douteufe par notre voyage, durant lequel nous n'en avons pu appercevoir aucune trace. Il ne nous reftait donc, pour expliquer l'origine de ces hommes, qu'une feule conjecture, c'eft qu'il y aurait peut-étre quelque continent à l'Oueft. Je réfolus en conféquence de cingler de ce côté-là, afin de m'en affurer.

23.

Navigation de la Nouvelle-Séelande vers la côte orientale de la Nouvelle Hollande. Détails préalables touchant cette terre & fes habitans.

Ce fut le dernier jour de Mars, 1770, que nous prîmes enfin congé pour la dernière fois de la Nouvelle-Séelande. Nous nommâmes le cap d'où fe fit notre départ, le Cap d'Adieu (Cap Farewell) & nous cinglâmes vers l'Oueft avec un vent frais de Nord-Nord-Eft.

J'aurai tant d'événemens & d'obfervations remarquables à rapporter encore à mes jeunes lecteurs, dans la fuite de ce

voyage, que je leur demande la permiffion de pafier fous filence tout ce qui n’eft
pas fort intéreffant, & de ne reprendre
le fil de ma narration, qu’au moment où
nous approchâmes des côtes de la Nouvelle-Hollande, prémiere terre que nous
vîmes, après avoir remis en mer.

Cet événement eut lieu le 16 Avril, &
par conféquent vingt jours après notre
départ de la Nouvelle-Séelande. La region
où ce pays frappa nos yeux pour la prémière fois, eft diftinctement marquée fur
notre carte. Mon Lieutenant Hicks, fut
le premier à l’appercevoir; ce qui fit que
je donnai fon nom au promontoire qui
s’y trouve.

Nous nous approchâmes de terre autant
que nous pûmes, & nous cinglâmes enfuite au Nord, fans perdre la côte de vue.
Le tems était férein, & nous voyions diftinctement le pays. Cette contrée a un
afpect charmant. Le pays n’eft pas fort
élévé, & la vue en eft variée. On y voit

tantôt des montagnes & des vallons agréa‑
bles, tantôt des collines & des prairies,
entrecoupées de plaines, mais presque
toutes couvertes de bois. Les montagnes
& les collines ne font ni hautes ni efcar‑
pées.

Dans plufieurs endroits, le long de la
côte, nous vîmes des colonnes de fumée
s'éléver en l'air; mais pas un feul habitant,
jusqu'au 22. Ce ne fut que ce jour‑là, que
nous étant beaucoup approchés du rivage,
nous en pûmes diftinguer clairement quel‑
ques‑uns. Ils paraiffaient noirs, ou du
moins d'une couleur très‑foncée.

Nous continuâmes notre route vers le
Nord, & nous étant encore rapprochés
beaucoup de la côte le 27, nous vîmes
plufieurs indigènes, qui couraient avec
célérité le long du rivage, & dont quel‑
ques‑uns portaient un petit canot fur les
épaules. Nous en conclûmes. qu'ils avaient
deffein de venir au vaifleau : mais notre
attente fut trompée. Cela m'engagea à

monter dans la chaloupe avec Mrs. Banks
& Solander, Tupia & quatre matelots,
pour aller à eux. En nous approchant,
nous eumes le déplaifir de les voir s'enfuir
dans les bois. Cependant nous avions envie d'aller à terre ; mais nous ne pûmes y
parvenir, parceque les vagues venaient
fe brifer avec une telle violence contre
la côte, que notre petite chaloupe fe trouva
hors d'état d'aborder. Il nous fallut donc
nous en retourner comme nous étions
venus. Dans ce moment il furvint un calme. Cela ne nous mit pas dans la fituation la plus agréable du monde : car notre vaiffeau fe trouvait près des côtes en-
vironné de brifans, c'eft-à-dire d'écueils,
que l'eau de la mer couvre & empêche de
voir. Par bonheur cependant il s'éléva un
léger vent de terre, à l'aide duquel nous
nous vîmes bientôt tirés de ce danger, &
dont nous profitâmes pour continuer notre route au Nord.

Le lendemain, dès le point du jour, nous vîmes une baie. Elle paraiſſait à l'abri de tous les vents, & cela me fit reſoudre d'y entrer. Dans cette vue, j'envoyai le pilote avec la pinaſſe prendre les dévants, pour en ſonder l'entrée, & je continuai en attendant à louvoyer de ce côté contre le vent.

Au bout de quelque tems, nous vîmes de la fumée s'élever du rivage, nos lunettes d'approche nous firent découvrir dix hommes, qui entretenaient ce feu, mais qui l'abandonnerent à notre approche, & ſe retirerent ſur une petite éminence. Peu de tems après, deux canots, montés chacun de deux hommes, vinrent amarrer tout auprès de la hauteur, & les hommes qui y étaient, d'abord après avoir mis pied à terre, coururent joindre les autres ſur le ſommet de l'éminence. Alors la pinaſſe s'approcha de cet endroit, ſur quoi les Indiens ſe rétirerent encore plus loin de nous, à l'exception d'un ſeul, qui fe cacha entre quelques rochers fitués au lieu de l'atterrage.

La pinaffe voguant alors le long de la côte, les Indiens prirent le même chemin, fe tenant toujours vis-à-vis d'elle, à une certaine diftance du rivage. Au retour de la chaloupe, le pilote nous raconta, que dans un enfoncement au fond de cette rade, quelques uns de ces naturels étaient venus jusqu'au rivage, & l'avaient invité par des paroles & par des geftes fignificatifs, à venir à terre; mais qu'ils étaient tous armés de longues piques, & d'une efpece de fabre de bois. Qu'au contraire, d'autres avaient fait des geftes menaçants en brandiffant leurs armes: & furtout deux de ces Indiens qui avaient un air tout à fait étrange; qu'ils avaient le vifage poudré de blanc, & le corps peint de larges bandes blanches par le travers, tant fur le dos que fur la poitrine, à peu près comme les Soldats Anglais & Hannoveriens portent la courroie des gibernes & le

ceinturon de leurs fabres. de façon qu'ils
fe croifent par devant & fur le dos. Que
ces Indiens avaient eu auffi des bandes pareilles en forme de large courroies autour
des jambes & des cuiffes. Ils avaient tenu
tous deux une arme à la main, femblable
à un fabre, & paru parler enfemble avec
beaucoup de feu.

Vers le foir, nous gagnâmes un endroit
dans la baie, où nous pouvions nous mettre à l'ancre en toute fûreté, ce que
nous fimes en effet. Nous vîmes fur deux
pointes de terre, qui embraffaient cet
ancrage, quelques cabanes, auprès desquelles fe tenaient plufieurs naturels du
pays, hommes, femmes & enfans. Au-
deffous de la pointe méridionale, nous
apperçûmes quatre petits canots, montés
chacun par un homme, qui tous femblaient occupés à percer des poiffons avec
une efpece de longues piques. Ils fe ha-
fardaient presque jusques fur les brifans,
& ils étaient fi attentifs fur leur proie,

qu'à

qu'à peine jetterent-ils les yeux fur nous
& fur notre vaiſſeau, quoique nous vinſ-
ſions aſſez près d'eux.

Au moment où nous allions mettre la
chaloupe en mer, nous vîmes ſortir du
bois une vieille femme, ſuivie de trois
enfans. Elle portait un fagot de bois à
brûler, & chaque enfant avait auſſi ſa petite charge. Non loin des cabanes, trois
enfans plus jeunes que les premiers vinrent
au devant d'elle. Elle jettait ſouvent les
yeux du côté du vaiſſeau, mais ſans exprimer ni crainte ni ſurpriſe. Enfin, au
bout de quelque tems, elle alluma du feu,
& les quatre canots s'en revinrent de la
pêche. Les hommes mirent pied à terre;
tirerent les canots ſur le rivage, & commencerent à cuire leur dîner, ſans paraître éprouver la moindre crainte à notre
ſujet. Une circonſtance nous frappa ſin-
gulierement; c'eſt que de tous les indigènes que nous voyions, il n'y en avait

VI.   G

pas un feul qui portât le moindre vêtement.

Après dîner, je fis armer les chaloupes,
& nous allames avec Tupia vers l'endroit
où se tenaient ces gens. Ils avaient fi peu
fait attention à nous, que nous esrérions
qu'ils s'embarasseraient aussi fort peu de
notre descente. Mais c'est en quoi nous
nous trompions très-fort. Car dès que
nous approchâmes du rocher, deux hommes en descendirent pour nous disputer
l'abordage, & les autres se mirent à fuir.
Ces deux champions étaient armés chacun
d'un javelot d'environ dix pieds de long
& d'un petit bâton dont ils paraissaient
se servir, pour lancer mieux & plus aisé-
ment l'autre arme.

Ils nous crierent quelques mots d'un
langage rude, & ni Tupia ni aucun de
nous n'en put comprendre un seul. En
même tems ils brandissaient leurs armes
& paraissaient résolus à défendre leurs
côtes, quoiqu'ils ne fussent que deux con-

ère quarante. Je ne pus qu'admirer leur courage, & n'ayant aucune intention d'en venir à des hostilités contre eux, surtout avec cette inégalité de nombre; j'ordonnai aux rameurs de s'arrêter. Là-dessus nous commençâmes un entretien par signes, qui dura bien un quart d'heure, & pour me concilier leur bienveuillance je leur jettai des cloux, des grains de verre & autres bagatelles, qu'ils prirent toutes, & qui parurent leur causer beaucoup de joie.

Je leur donnai ensuite à entendre par signes, que nous souhaitions de trouver de l'eau, & je fis mon possible pour leur prouver, que nous n'avions aucun dessein de leur faire mal. Alors ils nous firent des signes à leur tour, que je pris pour une invitation. Mais à peine commençâmes-nous à faire avancer la chaloupe, un peu de leur côté, que nous les vîmes s'opposer de nouveau à notre descente. L'un paraissait un jeune homme d'environ vingt ans, l'autre de moyen âge. Pour lors, ne voyant point d'autre moyen de réuſſir dans notre deſſein, je fis tirer un coup de mouſquet entre eux deux. A l'é-clat de ce coup le plus jeune laiſſa tomber, de frayeur, un faiſceau de lances; mais il revint d'abord de ſa ſurpriſe, & le relevâ promptement. Cela fut ſuivi d'un coup de pierre qu'ils nous lancerent. Je fis tirer alors ſur eux un coup à dragée, & la charge atteignit le plus âgé, dans les jambes; ſurquoi ils s'enfuirent vers les cabanes, ſituées à environ cinquante toiſes de diſtance.

Eſperant alors, que toute quérelle était finie, je deſcendis ſur-le-champ à terre. Mais à peine étions-nous ſur le rivage, que nous vîmes revenir le bleſſé avec ſon compagnon d'armes, & nous apperçûmes, qu'il n'avait fui, qu'afin de ſe munir d'un bouclier pour ſa défenſe. Ils nous jetterent tous deux leurs javelots, qui tomberent là où ſe tenait le plus grand nombre d'entre nous , mais par bonheur ils ne bleſſerent perſonne. Je fis donc tirer encore un coup à dragée contre eux ; & l'un y répondit en nous lançant encore un javelot ; après quoi ils prirent la ſuite en grande hâte.

Après cela nous allâmes vérs les cabanes, dans l'une desquelles nous trouvâmes les enfans cachés derrière un bouclier & des écorces d'arbre. Pour né pas les effrayer, nous limes ſemblant de ne pas les voir, & en nous en allant, nous poſâmes à terre quelques rubans , des grains de verre, de petites pièces de drap & autres préſens de ce genre, que nous crûmes pouvoir leur faire plaiſir. Tous les javelots que nous apperçûmes çà & là, au nombre d'environ cinquante, nous les emportâmes. Ils étaient de ſix à quinze pieds de long, & chacun avait quatre pointes faites d'arrêtes de poiſſon. Nous remarquâmes que ces pointes étaient enduites d'une matière verdâtre & gluante,

& cela nous fit craindre qu'elles ne fuſſent empoiſonnées. Nous comprîmes cependant bientôt après, que cette crainte était vaine; car l'herbe marine qui y était encore attachée, nous découvrit clairement qu'on s'était ſervi de ces lances pour la pêche. Les canots que nous trouvâmes ſur le rivage étaient les plus groſſiers & les plus petits que nous euſſions encore vus. Chacun n'était fait que d'un ſeul morceau d'écorce d'arbre, rejoint & lié par les deux bouts, & écarté au milieu par des bâtons qu'on y avait fait entrer par force.

Ce ne fut que le lendemain, à une ſeconde deſcente que nous fîmes, que nous parvînmes à découvrir un petit ruiſſeau capable de nous fournir de l'eau fraîche. A cette occaſion, nous retournâmes à la cabane, où nous avions trouvé les enfans; & à notre grand chagrin, nous vîmes toutes les bagatelles que nous y avions laiſſées en guiſe de préſens, ſans qu'on y eût touché, au même endroit où nous les avions dépofées. Aucun Indien ne vint non plus fe montrer.

Cependant, tandis qu'un parti de nos gens s'occupait à couper du bois & à faire de l'eau, je parcourus toute la baie, la fonde à la main. A cette ocaafion je vis encore plufieurs naturels : mais ils prirent la fuite toutes les fois que je voulus les approcher. A l'un des endroits où je mis pied à terre, je trouvai plufieurs petits feux avec des moules fraîches qu'on y avait mis pour les faire griller ; j'y vis auffi des coquilles d'huîtres beaucoup plus grandes que je n'en avais vu encore.

A midi, lorsque nos bucherons & nos puifeurs d'eau s'en revinrent au vaiffeau, dix à douze indigènes vinrent à l'aiguade, & examinerent avec beaucoup d'attention & de curiofité les tonneaux qu'ils y avaient laiffés ; mais fans y toucher. Ils ne firent qu'emporter leurs canots avec lesquels ils difparurent. L'après-dinée, nos gens étant retournés à terre, feize à dix-huit Indiens, tous armés s'avancerent hardiment vers eux ; mais étant venu jusqu'à environ cinquante toifes, ils firent tout-à-coup halte. Cependant il y en eut deux qui fe hafarderent encore un peu plus avant, & cela engagea Mr. Hicks, qui commandait mes gens à terre, à aller à leur rencontre accompagné d'un autre homme. En s'approchant ainfi, il leur montrait des préfens, & tâchait par tous les geftes imaginables, de les convaincre, qu'il avait les intentions les plus pacifiques du monde à leur égard. Mais tout fut in-utile. A méfure qu'il approchait d'eux, ils fe retiraient, & l'efpoir d'une entre-vue amicale s'évanouit derechef.

Le lendemain, Mrs. Banks & Solander, fept autre perfonnes de l'équipage & moi, entreprîmes une courfe dans le pays. D'abord, nous allâmes aux cabanes au-près de l'aiguade où nous voyions jour-nellement des indigènes entrer & fortir.

Nous y trouvâmes encore nos petits préfens à la même place' où nous les avions
laiſſés. Cela ne nous empêcha cependant
pas d'y en ajouter encore d'autres d'un
plus grand prix, tels que du drap, des
miroirs, des peignes &c. ; après quoi nous
continuâmes notre promenade'.

Le ſol était partie marécageux, partie
de ſable léger, & le pays agréablement
entrecoupé de bois & de prairies. Les
arbres y font longs & droits ; ils ne font
point entrelacés de buiſſóns, & ils font
ſi éloignés les uns des autres, qu'on
pourrait cultiver la terre, fans avoir befoin d'en couper un feul. Nous vîmes
pluſieurs cabanes des indigènes, & d'autres places où ils avaient couché fur l'herbe fans aucun abri; mais pour des hommes, nous n'en vîmes qu'un feul, & qui
même fe mit à courir dès qu'il nous apperçut. Nous laiſſâmes des préfens dans
tous ces endroits, dans l'efperance de
nous concilier enfin la confiance & l'ami-

tié des naturels du pays. Nous entrevîmes auffi un quadrupède, qui nous parut de la grandeur d'un lapin ; mais ce ne fut que très-imparfaitement, & tandis qu'il paffait devant nous en courant. Nous apperçumes des traces d'animaux plus grands ; mais pour les animaux mêmes, ils fe déroberent abfolument à nos yeux.

Mrs. Banks & Solander trouverent en ce lieu une abondante moiffon de plantes inconnues, dont la recolte les occupa de la manière la plus agréable. Cela m'engagea à nommer cette baie, Botany-bay ou la Baie Botanique, & mes jeunes Lecteurs auront appris par les gizettes, que depuis peu ce nom eft devenu célébre ; parce qu'on y a envoyé d'Angleterre il y a peu d'années, un nombre confidérable d'hommes, pour s'y établir & y cultiver la terre. Mais quels-hommes ! Le rebnt de la nation Anglaife, des coquins, des voleurs, des brigands, pour le nombre toujours croiffant desquels, les prifons né fuffifaient plus. Telle eft la race dont on veut d'abord peupler les environs de Botany-bay, & de là peu-à-peu tout le continent dont cette baie fait partie.

Tant que nous fûmes à l'ancre en ce lieu, j'arborai tous les jours à terre le pavillon Britannique, comme un indice, que nous prenions poffeffion de ce pays. Cependant je ne me contentai pas de cette cérémonie. Je fis graver le nom du vaiffeau & l'année de notre féjour fur un arbre auprès de l'aiguade; & à préfent nos jeunes lecteurs ne pourront plus douter, que la nation Anglaife n'ait acquis un droit inconteftable fur ce pays.

Tous nos efforts, pour former une liaifon plus intime avec les naturels du pays, ayant été inutiles, je remis à la voile le 6 May, & cinglai vers le Nord-Nord-Eft, en longeant la côte.

Sur cette route, nous vîmes presque partout des colonnes de fumée s'élever dans les airs, & plus nous avancions,

plus le pays devenait montagneux. La vue
en était extrêmement variée & agréable
dans ces environs; & l'on y appercevait
toujours alternativement des montagnes
couvertes de bois, des collines, des vallées & des plaines.

Le 23 May, nous jettames encore l'ancre, & j'allai à terre avec mes compagnons de voyage. Le tems se trouva alors
si froid, que nous fûmes tous obligés
de nous pourvoir de surtouts. L'objet le
plus remarquable que nous rencontrâmes;
ce fut une espece toute particulière de
fourmis, couleur de verd naissant, qui
couvraient entièrement une certaine espece d'arbres. Les piquures de ces animaux
étaient extrêmement cuisantes. Nous trouvames en outre les feuilles du même arbre toutes couvertes de petites chenilles
vertes, qui s'y étaient placées en rangs
les plus reguliers qu'on puisse voir. Elles
étaient velues, & en les touchant nous sen-
times que le poil de leur corps piquait

commes des orties. Nous vîmes encore dans ces contrées un arbre, que nous avions déjà trouvé dans Botany-bay, & qui contient une gomme femblable au fang de dragon. Entre les bas-fonds & les bancs de fable, nous vimes une efpece de grands oifeaux, de la forme des cignes, mais d'une taille beaucoup plus grande. Il y avait encore des outardes d'une groffeur prodigieufe. Nous en tuâmes une, qui ne pefait pas moins de dix-fept livres & demie, & dont la chair était très-délicate. Cela me porta à nommer cet endroit *Buſtard-Bay*, Baie des Outardes.

La mer offroit dans ces lieux une immenfe quantité de poiffons. Entre autres il s'y trouvait une infinité d'huîtres de toutes les efpeces, furtout beaucoup d'huîtres à perles; ce qui me fait croire qu'on pourrait y établir une pêcherie de perles fort avantageufe,

D'habitans, nous n'en vîmes pas un feul. Mais ceux qui étaient reftés fur le vaiffeau, nous raconterent à notre retour, que tandis que nous étions dans le bois, il en était venu une vingtaine fe placer en face du vaiffeau fur le rivage; & qu'après l'avoir regardé quelque tems, ils s'en étaient allés. Nous avions cependant examiné une place, qui paraiffait leur fervir de demeure ordinaire, quoiqu'il n'y eût ni cabane, ni abri quelconque. En revanche nous trouvâmes dix petits feux, à une petite diftance les uns des autres, & à côté, des vafes faits d'écorce d'arbre, qui leur fervaient apparemment pour boire; ainfi que des reftes d'un repas récemment pris, favoir des coquillages & des arrêtes de poiffon. Nous vîmes encore plufieurs morceaux de molle écorce d'arbre étendus par terre. Ils étaient de la longueur & de la largeur d'un homme; ce qui nous les fit prendre pour leurs couchettes. Du côté du vent, devant le

feü, il y avait un petit abri ou paravent
d'écorces d'arbres, d'un pied & demi de
hauteur. L'endroit même fe trouvait au
milieu d'un bois touffu, où l'on était
très-bien garanti du vent. Le terrain était
fort compaft à force d'avoir été foulé.
Cela nous fit conjefturer que c'était là
leur féjour ordinaire, & qu'ils fe fervaient auffi peu d'abris, que de vêtemens.
Tupia lui-même, en voyant cela, fecoua
la tête d'un air de pitié, & avec la mine
d'un homme qui fent fa fupériorité, il
s'écria: *les pauvres malheureux !*

Le lendemain, nous continuâmes notre
navigation dans la même direftion le long
de la côte. Dans quelques bas-fonds, nous
vîmes le fond de la mer presque tout couvert de crabbes. Ils étaient de deux efpeces également inconnues. L'une, qui fe
diftinguait par fa fuperbe couleur bleue,
avait le ventre auffi blanc & auffi liffe que
de la porcelaine. L'autre ne brillait de ce
beau bleu qu'aux jointures & fur le dos,

ayant ailleurs des taches brunes, qui lui donnaient un air fort singulier.

Le 29 May, nous jettâmes encore l'ancre dans une baie, & j'allai à terre avec quelques-uns de nos voyageurs. Mais nous eûmes beaucoup de peine à marcher dans cet endroit, parceque le sol y était couvert d'une herbe qui portait des coques de graine hérissées de pointes & de crochets. Non seulement nos habits s'y accrochaient continue lement, mais même ces crochets pointus nous blessaient souvent d'un manière très-douloureuse. D'ailleurs nous étions continuellement entourés d'une nuée de ces mouches, connues sous le nom de Mosquites & dont la piquure nous causait des douleurs encore plus cuisantes.

Nous trouvâmes sur les branches de l'arbre à gomme que produisent ces contrées, des nids de fourmis, faits de terre glaise, & de la grandeur d'un boisseau, mésure d'Angleterre. Les fourmis et étaient petites & blanches ; mais il y en avait auſſi de noires. Celles-ci avaient creuſé dans les branches d'un arbre à nous inconnu, 'n avaient tiré le bois intérieur, & s'étaient fait des nids de ces matériaux. Cependant nous vîmes, à notre grande ſurpriſe, que ces mêmes branches n'en portaient pas moins de feuilles & de fleurs. Le nombre de papillons eſt immenſe dans ces contrées ; l'air en était tout rempli.

Un des objets les plus remarquables, nous parut être une certaine eſpece de poiſſons, d'un genre tout particulier, & dont aucun naturaliſte n'a jamais donné la deſcription. Ils avaient ſur la poitrine deux nageoires très-fortes, au moyen desquelles ils ſauta'ent avec autant d'agilité que des grenouilles. Ils ſemblaient ſe plaire autant, ou même plus ſur le ſec que dans l'eau. Car toutes les fois que nous les trouvions dans l'eau, ils en ſortaient & ſe mettaient à ſautiller ſur la terre.

Lorsqu'ils fe trouvaient à une place, où il y avait plufieurs pierres qui fortaient de la furface des eaux ; au lieu de nager de l'une à l'autre, on les voyait s'y tranfporter par un faut.

N'ayant trouvé aucune eau fraîche dans cet endroit, je paffai outre & le nommai, *Thirfty Sund*, la Baie de la Soif.

Après une navigation de quelques jours, nous jettâmes encore l'ancre dans une baie, & comme c'était précifément le dimanche de la Trinité, je la nommai, Baie de la Trinité. Nous y trouvâmes de l'eau fraîche, & j'en pris à bord une provifion confidérable.

24.

*Navigation de la Baie de la Trinité à
la rivière de l'Endeavour, Grand danger que courut le vaiffeau, durant ce
trajet.*

Le long de cette côte dangereufe, où
la mer cache partout des ecueils & des
bas-fonds, qui s'érendent fouvent tout-à-
coup & inopinément du rivage au loin dans
la mer, ou qui s'élévent comme des
tours, en forme de pyramides fortant
du fond des flots; le long de cette côte,
dis-je, nous avions vogué l'efpace de
vingt-deux dégrès, ce qui fait cinq-
cents cinquante lieues marines, fans avoir
fouffert de dommage, ni effuyé de malheur fenfible. Mais enfin le tems était
venu où nous devions nous familiarifer
davantage avec l'infortune; & l'hiftoire
de nos avantures, qui n'a été jufqu'ici
qu'un amufement & une inftruction pour
mes jeunes lecteurs, va, je m'en flatte,
exciter au moins leur fenfibilité,

Nous étions parvenus au seiz'ème dégré de latitud· méridionale, & vers le Nord nous avions en vue, dans un grand éloigne nent, une pointe de terre, qu'en mémoire de notre détresse, nous nommâmes dans la suite *ap de Tribulation* (*Cap Tribulation*). l était six heures du soir, lorsq ie le endroits dangereux que nous voyions de loi1, m'engagerent à diriger notre navigation loin de terre, pour nous teni au large durant la nuit. Nous a;ions vogué dans cette direction, par un bon vent & un beau clair de lune, jusques vers le neuf heures du soir; & nous croyant ainsi échappés heureusement à tous les dangers dont nous menaçaient les las-fonds, nous allions enfin nous mettre à souper, lorsque tout à coup le fond baissa de vingt jusqu'à huit brasses. Je donnai d'abord ordre à chacun de se rendre à son poste, pour tourner le vaisseau & pour jetter l'ancre: ma's en jettant encore une fois la sonde, nous trouvames les eaux plus hautes, à notre grande joie, & nous jugeâmes toutes ces précautions fuperflues. Nous penfâmes tous, que nous venions de dépaffer le fommet d'un certain bas-fond, que nous avions obfervé avant le coucher du foleil, & que nous étions enfin hors de tout danger. Nos voyageurs quittèrent donc le tillac fans rien craindre, & allèrent fe coucher.

Vers les onze heures, le fond diminua de tout-d'un-coup de vingt jufqu'à huit braffes, & avant que nous puffions jetter encore une fois la fonde, le vaiffeau toucha le fond, & y refta immobile. La frayeur fit lever tout le monde; en peu d'inftans, tout l'équipage fe trouva fur le tillac & chacun put lire fur la phyfionomie des autres, à quel point notre fituation leur paraiffait terrible. Nous avions vogué à-peu-près quatre heures avec un vent frais, vers la haute mer; nous favions donc bien que nous ne pouvions être fort-près de terre; il était par

conféquent plus que probable que nous
avions touché fur un banc de corail; &
ce font-là les plus dangereux de tous les
écueils, parce que les moindres pointes
en font tranchantes & leur furface en-
tiere raboteufe. Dans cette trifte fituation,
nous cargîmes toutes les voiles, & mîmes les chaloupes à la mer. Alors, par le
moyen de la fonde, nous n'apprîmes que
trop tôt, que la frayeur ne nous avait
point exagéré l'imminence du danger que
nous courions. Les flots avaient pouffé
le vaiff-au par-deffus le rebord d'un écueil,
& il était comme renfermé dans un de
fes enfoncemens.

Ayant découvert que la plus grande
profondeur des eaux fe trouvait à l'arrière du vaiffeau, nous commençâmes par y
jetter une ancre : nous fîmes enfuite les
derniers efforts au moyen de cette ancre & du cabeftan, pour dégager le vaiffeau du rocher. Mais toutes nos peines
furent inutiles : le vaiffeau demeura im-

mobile; & cependant les vagues le pouſſaient ſans ceſſe ſi violemment contre le
rocher, que nous pouvions à peine nous
tenir debout. Enfin, pour comble de détreſſe, nous voyions déjà, au clair de la
lune, les planches extérieures du vaiſſeau
& enfin l'arrière de la quille ſe détacher
& flotter ſur l'eau, de ſorte que nous
n'avions qu'à nous préparer à être engloutis dans cet endroit.

Nous ne nous abandonnâmes point néanmoins à un déſeſpoir inutile: au contraire, quoique ſans eſpoir de ſuccès,
nous tentâmes tous les moyens, capables de contribuer à notre ſalut. Nous
voulions alléger le vaiſſeau en jettant
les effets les plus peſants: mais nous vîmes bientôt, que pour ſurcroît de malheur, le reflux avait commencé, & que
la baiſſe des eaux rendrait tout allégement
impoſſible. Cependant cette circonſtance
nous procura un autre avantage; le vaiſſeau s'appuya mieux contre l'écueil, &

les vagues ne purent plus le pouffer avec autant de violence contre l'écueil.

Alors nous n'eûmes plus d'efpérance que dans le retour de la marée; mais qui nous affurait que le navire pourrait réfifter, & ne fe briferait pas en pieces avant cette époque? Cependant il fallait nous conduire comme fi nous euffions pu compter fur cet efpoir. Nous nous hâtâmes donc d'alléger notre vaiffeau, & à cet effet nous jettâmes à la mer, auffi promptement que nous le pûmes, notre eau douce, fix pieces de canon, notre left de feraille & de pierres, des tonneaux, des vafes à huile, toutes les provifions avariées & gâtées, &c. Chacun s'y employa avec ardeur de toutes fes forces, fans donner le moindre figne de mécontentement. Tout l'équipage fentait néanmoins vivement le danger où nous nous trouvions; il n'y avait pas un feul matelot qui fe permît alors le moindre juron, tandisqu'en d'autres circonftances,

ces

ces hommes grossiers en ont continuellement à la bouche. Chacun voyant la mort
de si près, craignait de se rendre encore
plus criminel envers Dieu ; cette crainte
effet du remords fut capable alors de vaincre en eux l'habitude enracinée de prononcer des blasphêmes. Cette crainte, au
reste, est celle de tout impie sur son lit
de mort, tandis que le chrétien quitte ce
monde avec joie, & croit ne commencer
réellement à vivre, qu'au moment où il
aura rendu son ame à son créateur, à son
père. Jeune homme puisses-tu couronner
un jour une honorable carrière, par une
fin pareille !

Nous étions occupés à ces travaux,
quand le jour commença à poindre, &
nous vîmes alors que nous nous trouvions
à huit lieues marines de la terre. L'époque de la plus haute marée devait être à
onze heures, selon notre calcul ; nous
fîmes par conséquent d'avance tous les

VI.   H

préparatifs que nous jugeames néceſſaires pour touer le vaiſſeau de deſſus le rocher. Par bonheur, le vent ceſſa tout à fait dans ce moment, & nous eûmes un calme parfait; ſans quoi le naufrage du vaiſſeau aurait été inévitable dans la même matinée.

La marée vint; mais à notre très-grand regret, le vaiſſeau ne ſe trouva pas encore aſſez léger. Il s'en fallait encore d'un pied & demi, |qu'il ne fût à flot ; & cependant nous l'avions déjà allégé de près de 50 tonneaux, c'eſt-à-dire de mille quintaux. Il fallut donc l'alléger encore davantage, & nous jettâmes à la mer tout ce dont il nous était poſſible de nous paſſer. Jusqu'alors le vaiſſeau n'avait encore fait que peu d'eau, mais dès que le flux revint, l'eau y entra avec tant de violence, qu'à peine deux pompes qui jouaient continuellement ſuffiſaient-elles pour la rejetter. A deux heures, le navire ſe pencha fur le ftribord a) & demeura fixe dans cette pofition.

Il ne nous reftait donc plus d'efpérance, que dans le fecours d'une nouvelle marée. Nous prîmes toutes les méfures poffibles, pour dégager alors le vaiffeau, par tous nos efforts réunis, de deffus le rocher, fuppofé qu'il refiftât jusqu'à cette époque. A cinq heures du foir, nous obfervâmes que la marée revenait ; mais nous vimes auffi avec effroi, l'eau que faifait le navire augmenter à un point effrayant. Nous armâmes donc en hâte encore deux pompes ; mais par malheur l'une de celles-ci avait été endommagée, & nous ne pûmes la mettre en jeu. Nouvel accident très-fâcheux ! Cependant on travailla aux trois autres pompes fans relâche, & vers les neuf heures, le vaiffeau fe releva.

a) Lorsqu'on tourne le dos à la poupe, & le vifage vers la proue, on nomme ftribord le côté du vaiffeau qu'on a à droite, & basbord, celui qui eft à gauche.

Malgré tous nos efforts, l'eau s'accrut néanmoins tellement dans le navire, que nous avions lieu de craindre, qu'il s'abîmerait le moment où il ferait remis à flot. Ce fut alors que notre fituation devint réellement affreufe ; car foit que nous reftaffions fur le rocher, foit que nous puffions dégager le vaiffeau, notre perte paraiffait inévitable. Nous favions que nos chaloupes ne fuffiraient pas à beaucoup près pour nous porter tous, lorsque le navire coulerait à fond. Nous favions, que dans ce moment terrible & décifif, tout commandement & toute fubordination devaient finir, & qu'il s'éléverait apparemment un fanglant combat, pour décider qui pourrait fe fauver : que ce combat augmenterait encore les horreurs du naufrage, & qu'il finirait peut-être, par la deftruction de tout l'équipage. Nous fentions également, d'un autre côté, que ceux d'entre nous que la mer engloutirait, feraient vraifemblablement les moins malheureux ; car fuppofé que les autres arrivaffent à terre, leur fort paraiffait encore plus douloureux & plus miférable. Dénués de tout moyen de fubfiftance, ils paraiffaient devoir trainer le trifte refte de leur malheureufe carrière, fans aucun efpoir de délivrance, dans un défert affreux & dans des combats continuels avec des fauvages, qui paraiffaient les hommes les plus barbares du globe. Perfpective horrible ! Il n'y a que ceux, qui, dans cette fituation affreufe ont attendu quelque tems la décifion de leur fort, qui puiffent dire, qu'ils ont appris à connaître la mort dans toutes fes horreurs. Pendant tout le tems que nous attendimes ce moment critique, dont dependait notre deftinée, chacun lifait fes propres fentimens dans les yeux de fes compagnons d'infortune.

Dès que l'heure de la haute marée approcha, on mit au cabeftan autant de gens, qu'on en put tirer des pompes. Le mo-

ment vint; il était environ dix heures &
vingt minutes, lorsque le vaiſſeau recommença à flotter: dans cet inſtant critique,
chacun employa toutes ſes forces, en
faiſant les plus violens efforts, & nous
réuſſîmes heureuſement à touer le vaiſſeau de deſſus le rocher. Notre ſurpriſe
& notre joie furent égales, lorsque nous
vîmes qu'il ne tirait au moins pas plus
d'eau, dans cette ſituation, qu'il n'avait
fait ſur le rocher; & quoique c'en fût
encore plus que nos pompes n'étaient capables d'en relever, l'équipage n'en fut
point découragé, & continua d'oppoſer
les plus grands efforts à ceux de la mer
tant au dedans qu'au dehors du navire.
Enfin, après avoir ſoutenu pendant vingt-
quatre heures un travail incroyable, au
milieu de toutes les angoiſſes de la mort,
les forces de nos gens étant épuiſées, ils
commencerent à perdre vigueur & courage. Il n'y en avait plus aucun qui pût
ſoutenir le travail de la pompe pendant

plus de cinq à fix minutes ; après quoi ils étaient rendus, & fe jettaient fur le tillac, fans fe mettre en peine de la quantité d'eau, qui y coulait continuellement des pompes, & s'y élevait déja à quatre pouces de profondeur. Ceux qui les avaient relévés, après n'avoir travaillé qu'auffi peu de tems, venaient bientôt fe laiffer tomber de fatigue de la même manière, & les autres fe relevaient alors pour aller prendre leur place.

C'eft ainfi que nous nous tuâmes à travailler pendant affez longtems, jusqu'à ce qu'un hafard vînt porter au plus haut dégré le désefpoir de l'équipage. Les ais qui forment le plancher tout au fond du vaiffeau, fe nomment le franc-tillac. Entre ces ais & ceux du fond extérieur du vaiffeau, qu'on nomme le plat-fond, eft un efpace d'environ dix-huit pouces. L'homme qu'on avait placé au puits du vaiffeau, pour obferver l'eau qui s'y trouvait, & en donner avis de tems à autre, n'en avait évalué la hauteur que jusqu'au franc-tillac, & ne nous l'avait annoncée que d'après cette méfure. Je le fis réléver, & celui qui le remplaça fe mit à méfurer l'élévation de l'eau jusqu'aux planches extérieures ou jusqu'au plat-fond du vaiffeau ; ce qui formait une différence de dix-huit pouces. Nous crûmes par conféquent tous, que l'eau s'etait élévée en quelques minutes à cette hauteur, & qu'il fallait qu'elle entrât dans le vaiffeau avec une violence proportionnée. A cette nouvelle, le plus courageux d'entre nous allait abandonner le travail avec l'efpérance. Cette erreur n'avait qu'à demeurer cachée quelques minutes, & notre fort était décidé.

Par bonheur, elle fut découverte à tems ; & dès qu'on fut que notre fituation n'était pas auffi défefpérée qu'on l'avait crue, il s'éléva une joie foudaine & générale dans tout le vaiffeau, dont l'effet fut comme un enchantement. On eût dit que perſonne ne penſait plus qu'il exiſtât encore le moindre danger réel. Un nouvel eſpoir, une nouvelle confiance avaient renouvellé les forces de tous, & quoique dans le fond nous ne fuſſions aucunement dans une ſituation moins critique qu'auparavant, quand l'équipage, accablé de laſſitude & découragé, commençait à travailler avec plus de négligence; ils n'en firent pas moins de nouveaux efforts, avec une telle ardeur, & un tel courage, qu'avant huit heures du matin, les pompes eurent diminué conſidérablement l'eau qui était entrée dans le navire. Chacun propoſait déjà, de conduire le vaiſſeau dans un port, comme une entrepriſe qui ne ſouffrait plus aucune difficulté, quoique notre fort fût encore t ès-douteux. Car qui pouvait nous repondre, que les **forces** exaltées de l'équipage ſe foutiendraient aſſez long-tems, & que le tems & les vents nous permettraient de regagner la côte?

H 5

J'employai cependant les hommes dont on pouvait fe paſſer alors aux pompes, à lever les ancres que nous avions jettées. Nous en retirâmes heureuſement deux à bord ; mais la troiſième fut perdue avec un cable entier, c'eſt-à-dire de cent-vingt toiſes de long. Nous en avions déja perdu une ſur l'écueil, mais dans notre ſituation, tout cela n'était que bagatelles & nous ne nous embaraſſions guere, quelque ſenſible que nous eût été en tout autre tems une pareille perte. La fortune ſembla enfin vouloir nous favoriſer. Vers les onze heures, il s'éléva un vent de mer, à la faveur duquel nous ayant remis à la voile, nous voguâmes vers la terre.

Cependant tous ceux que la joie & l'eſpérance n'aveuglaient pas, prévoyaient bien, que l'équipage épuiſé de fatigue ne pourrait ſoutenir le travail continu de la pompe aſſez long-rems pour regagner la terre. Comme j'étais tourmenté de cette crainte trop bien fondée ; un de

mes bas-officiers, Mr. Monkhoufe, vint
me propofer un moyen , qu'il avait vu
employer dans de femblables circonftances, à bord d'un vaiſſeau marchand. Ce
navire , me dit-il , était ſi endommagé,
qu'il faiſait plus de quatre pieds d'eau par
heure, & néanmoins on le conduiſit en
très-bon état, de la Virginie à Londres;
le patron qui le commandait, avait mis
une telle confiance dans cette invention,
que quoiqu'il connût très-bien l'état de
fon bâtiment, il ne jugea pas à propos
d'attendre dans le port, que la voie d'eau
fût fermée, & qu'il mit en mer fans s'y
arrêter.

A peine eus-je entendu la defcription
de ce moyen, qu'en terme de marin on
nomme doubler un vaiſſeau, que j'en
conçus d'abord la bonté, & ordonnai à
mon homme de le mettre en œuvre. Je
lui donnai quatre à cinq hommes pour
l'aſſiſter, & il s'y prit de cette manière:
Il fit mêler des étouppes avec de la laine

&- fit hacher menu ce mêlange , qu'il étendit enfuite fur de la toile à voile, où il le faufila légérement par poignées. Il recouvrit le tout d'une couche de fiente de brébis & autres balayures. Si nous euffions eu du fumier de cheval, cela n'aurait été que mieux. Lorsque la voile fut ainfi préparée, elle fut tendue fous le fond du vaiffeau par quelques cordes attachées aux bouts. Alors la voie d'eau attirant les brins de chanvre & de laine en même tems que l'eau même & ceux-ci reftant dans les intervalles de la fente, la boucherent entièrement. L'effet de cet expédient furpaffa toute attente à la grande joie de l'équipage ; car la voie d'eau en fut tellement diminuée, qu'on pût y remédier facilement au moyen d'une feule pompe.

C'eft ainfi que l'attention avec laquelle Mr. Monkhoufe avait obfervé cet expédient, dans un tems où il ignorait, fi jamais il aurait l'occafion d'en faire ufage,

fauva notre vaiſſeau, & la vie à tout l'é-
quipage ! Voilà une nouvelle preuve,
qu'on ne ſaurait aſſez obſerver tout ce que
l'on voit ou qu'on eſt à portée d'entendre,
& de faire ſurtout attention aux inventions
& opérations qui peuvent être utiles. Cette maxime eſt principalement néceſſaire
aux jeunes gens, qui moins que d'autres
peuvent prévoir, dans quelles ſituations
il eſt poſſible qu'ils ſe trouveront un jour.
C'eſt ainſi que l'eſprit ſe forme, & qu'on acquiert une expérience & une ſagacité que
ne donnent pas quelquefois les plus va-
ſtes connaiſſances, & dont l'avantage qui
en réſulte peut être mille fois plus général. Puiſſent tous mes jeunes lecteurs
ſe rappeller cette circonſtance & la maxime que j'en déduis !

Tous les régards de nos gens n'expri-
maient plus qu'eſpérance, joie & conſo-
lation : l'on ne parlait déja presque plus
de la néceſſité de chercher un port, pour
réparer convenablement le dommage qu'a-

vait fouffert le vaiffeau ; mais feulement de continuer notre voyage d'après le plan primitif, comme fi nous n'euffions effuyé aucun accident. A cette occafion, je ne puis m'empêcher de rendre aux marins & voyageurs que j'avais à mon bord, la juftice, d'ajouter ici, que dans le moment de notre plus grande détreffe, & lorsque chacun paraiffait fentir dans toute fa force le danger que nous courions, on n'entendit ni les gemiffemens de la faibleffe, ni les cris du défefpoir. Chacun paraiffait complettement maître de lui-même, & occupé du travail qui lui était échu ; & dans leurs efforts, tous montraient cette fermeté tranquille & patiente, également éloignée tant des excès tumultueux de l'effroi, que de la fombre inactivité du défefpoir.

Après tant de fatigues inexprimables, & de nouveaux dangers, auxquels nous étions expofés à toute heure, nous parvînmes enfin à gagner un port. Mai ne fut qu'au bout de cinq jours que nous nous vîmes à ce dernier terme de notre détreſſe.

25.

Séjour dans la rivière d'Endeavour. De-ſcription de cette contrée; Rélation de ce qui nous y arriva.

Je fis d'abord transporter à terre, tout ce qui était encore reſté dans le vaiſſeau, pour pouvoir mettre le bâtiment ſur le côté. Dès que cela fut fait, nous vîmes que nous n'avions dû notre ſalut, qu'à une cauſe particulière, qui ne paraît que l'effet d'un pur haſard. C'eſt que la pointe de rocher, qui avait ouvert la plus grande voie d'eau dans le vaiſſeau, y était reſtée & en avait bouché la plus grande partie. Sans cela nous aurions été néceſ-ſairement abîmés, au moment où le vaiſ-ſeau ſe dégagea de l'écueil.

Chacun s'occupa avec ardeur, tant à remettre le vaisseau en bon état, qu'à chercher des vivres & des rafraîchissemens, dont nos malades attaqués du scorbut avaient le plus grand besoin. On trouva quelques choux de palmier & quelques platanes. Mais pour des poissons, nous ne pûmes réussir à en prendre, quoique nous les vissions fourmiller dans les eaux de ce port.

Plusieurs personnes de notre compagnie virent dans ces lieux un animal de la grandeur d'un levrier, couleur gris-de-souris, & extraordinairement agile quoiqu'il parût plutôt sauter que courir. Un matelot, allant se promener dans un bois, en avait vu un autre, que dans sa simplicité, il avait pris pour le diable en personne. Nous lui demandâmes, comme on pense bien, quelle mine ce diable avait. Sa réponse fut si singulière, que je crois devoir la rapporter en propres termes. „Il était," nous dit-il, „de la grandeur

,,d'un petit tonneau de quatre pintes, &
,,presque de la même figure, il avait des
,,cornes & des aîles; cependant il fe trai-
,,nait fi lentement fur l'herbe, que j'au-
,,rais pu le faifir, fi je n'en avais eu peur.''
Nous trouvâmes enfuite que ce prétendu
diable n'était qu'une grande chauve-fouris.
Il faut cependant avouer auffi, que les
chauve-fouris de cette contrée ont un air
vraiment terrible. Elles font noires, de
la grandeur d'une perdrix. Elles n'ont
pas de cornes, il eft vrai; mais l'imagination d'un homme qui croit voir le diable, aura bien pu y ajouter cet attribut
des habitans de l'Enfer.

Le lendemain, en me promenant, je
vis moi-même le premier de ces animaux
inconnus. Il était d'un gris-de-fouris clair,
& femblable, pour la taille & la figure,
à un levrier. Que'ques jours après, Mr.
Goré eut le bonheur d'en tuer un; ce qui
me mit à même de l'examiner p!us parti-
culierement. Cet animal était encore jeu-

ne, & ne pefait par conféqient que trente huit livres Ses pieds de devant n'avaient
que huit pouces, & ceux de deriière
vingt-deux pouces de long. Par cette configuration, il ne peut que fauter & non
courir; mais les bonds qu'il fait font très-
grands, & dès qu'il s'arrête il fe dr ffe
fur les pieds de derrière, en retirant fes
petits pieds de devant vers fa poitrine.
Ces derniers ne lui paraiffent être donnés
que pour gratter la terre. Il a la queue longue & groffe. Sa tête & fes oreilles font
presque couleur de lièvre; tout le refte
de la peau eft gris de fouris. Nous apprîmes dans la fuite que les indigènes nomment cet animal, *Kænguru*. Nous en
trouvâmes la chair d'un goût extrêmement délicat.

L'un de mes bas-officiers étant forti
avec un moufquet, avait rencontré un
loup, & tiré fur lui; mais il l'avait man-
qué.

Nous fîmes encore une tentative pour prendre des poiſſons, & elle nous réuſſit au-delà de toute attente. D.ns quelques jettées de filet, on en prit une telle quantité qu'on put en diſtribuer une livre & demie par tête à tout l'équipage. Pluſieurs plantes nous fournirent des légumes paſſables. Nous trouvâmes en outre encore un fruit de la grandeur d'une petite pomme rénette, mais un peu plus plat & couleur de pourpre-foncé. Lorsqu'on laiſſait mollir ce fruit pendant quelques jours, il avait à-peu-près le goût d'une prune. Sur les rochers & dans les bas-fonds, on trouvait toujours une immenſe quantité d'escargots de mer, & quelquefois auſſi de grandes tortues très-délicates.

Pluſieurs de nos gens virent de tems à autre quelques ſauvages iſolés; mais nous paſſâmes plus de vingt jours, avant de réuſſir à avoir avec eux une entrevue & un entretien en regle. Ce ne fut que le 10 Juillet, que nous en vîmes paraître quatre fur une pointe de terre peu éloignée de nous. Ils s'occuperent d'abord affez long-tems à pêcher, & nous les regardâmes faire tranquillement, fans les inquiéter. Cela en engagea deux à s'approcher du vaiffeau, jusqu'à une portée de fufil. Là ils s'arrêterent, & s'entretinrent long-tems enfemble à haute voix. Sur nos invitations & nos fignes d'amitié réitérés, ils fe harfarderent enfin à approcher du vaiffeau. Nous leur fîmes toutes fortes de préfens, ils les accepterent, mais fans faire paraître beaucoup de fatisfaction. Enfin un de nos gens leur jetta un petit poiffon. Ils en témoignerent une joie très-vive, & nous donnerent à entendre, qu'ils allaient chercher leurs compagnons. Ils revinrent tous quatre, & nous leur fimes de nouveaux préfens; après quoi ils fe retirerent. Ils voguerent vers un endroit du rivage, où notre ami Tupia s'était affis avec un de nos gens. Il les engagea fans beaucoup de peine à dépofer leurs armes , & à venir s'affeoir auprès d'eux. J'y allai moi-même fuivi de quelques-uns de mes marins , & nous demeurâmes enfemble jusques vers midi , en nous témoignant réciproquement beaucoup d'amitié & de confiance.

Ces hommes étaient de la taille commune; mais ils avaient les membres extrêmement menus. Leur peau était noirâtre ou d'un brun foncé; leurs cheveux noirs, & coupés, mais non crêpées comme ceux des Négres. Ils avaient le corps peint en rouge, & l'un d'eux s'était tracé de larges raies blanches fur la lèvre fupérieure & fur la poitrine. Au refte, ils avaient la phyfionomie agréable, les yeux vifs, les dents blanches & bien rangées, le fon de voix fonore, & fi fléxible qu'ils pouvaient répéter tout ce que nous leur difions.

Trois de ces fauvages revinrent le lendemain matin, aménant avec eux un étranger qu'ils nous préfenterent formellement,

& en gens qui favent vivre, fous le nom de Yariarco. Ce Monfieur fe diftinguait par une parure extraordinaire: il avait le cartilage du nez percé, & y avait paffé un os d'oifeau de la groffeur d'un demi-pouce fur environ fix pouces de long, Un éxamen plus éxact nous montra enfuite, que chacun d'eux avait la cloifon du nez & les oreilles percées, quoiqu'ils n'y portaffent pas tous des ornemens. Ils avaient apporté un poiffon qu'ils nous offrirent, apparemment par reconnaiffance, pour celui que nous leur avions donné la veille, Au refte ils é'aient très-gais, & ne paraiffaient point avoir deffein de nous quitter de fitôt Mais l'un de nous ayant par hafard éxaminé leur canot avec quelque attention, ils y fauterent fur-le-champ d'un air effrayé, & firent force rames, fans nous dire un feul mot, pour s'éloigner avec la plus grande viteffe. Apparemment qu'un de ces fauvages ava't conçu quelque crainte, que nous n'euffions formé un deffein fur cette partie de leur propriété.

Il faut pourtant qu'en général ils aient fait à leur compatriotes un portrait avantageux de notre conduite à leur égard; puisque dès le lendemain il en vint trois autres chez nous, & ils furent fi contens de la réception que nous leur fîmes, que l'un d'eux nous quitta pour en chercher encore deux autres. Lorsqu'ils furent arrivés, ils nous les préfenterent en nous difant leurs noms; c'était là une coutume à laquelle ils ne manquaient jamais. Nous remarquames à cette occafion, que ces gens ne font pas fi noirs, qu'ils ne nous l'avaient d'abord paru, & que leur noirceur vient principalement de leur malpropreté & de la fumée. Car quoique la chaleur foit très-grande dans cette contrée, ils font pourtant obligés de vivre presque toujours auprès du feu, pour fe mettre à couvert des piquures douloureufes des mofquites, au moins durant la nuit.

Nous apperçûmes, dans l'éloignement, une femme avec un petit garçon, entièrement nuds, ainsi que tous les autres. L'un de nos hôtes, portait aussi un très-joli collier de coquillages, & un braffelet fait de différens cordons treffés enfemble, comme le font nos cordons de foie. Ces gens s'étaient auffi attaché un morceau d'écorce d'arbre devant le front.

Enfin donc il s'était forme des relations amicales entre les Indiens & nous; de forte qu'il en venait toujours quelques - uns nous rendre vifite. Mais de notre côté, lorsque nous montrions quelque envie de les accompagner chez eux ; ils témoignaient toujours qu'une pareille vifite ne leur ferait point agréable. De tout ce qu'ils voyaient chez nous, la chofe qui excitait le plus & leur attention & leurs défirs, c'étaient les tortues que nous avions prifes, & qui en effet étaient plus délicates, que toutes celles dont nous avions mangé en Angleterre. Cela donna lieu à l'événement fâcheux que je vais rapporter.

Un jour que nous avions fur le tillac une provifion de douze de ces tortues, qui pefaient chacune, l'une portant l'autre, trois quintaux, nous reçumes la vifite de dix Indiens : nous vîmes bientôt, que le but de cette politeffe de leur part n'était pour cette fois, que de nous enlever un de ces animaux ; & même, en cas de refus, ils paraiffaient prêts à ufer de violence, car ils avaient apporté plus de lances qu'à l'ordinaire. Cependant , en arrivant ils poferent ces armes à un arbre fous la garde d'un homme & d'un jeune garçon. Cela fait, ils vinrent à notre bord. Là ils nous prierent de leur donner une tortue, & cette demande leur ayant été refufée ; ils en témoignerent une très-grande colère tant par leurs geftes que par leurs regards. Je préfentai alors à l'un de ces fauvages , un morceau de bifcuit, comme pour adoucir fon regrêt.

VI.   I

Il me l'arracha des mains avec vivacité, & le jetta à la mer d'un air de dédain. Je lui paſſai cette incartate. Alors un autre Indien s'adreſſa à Mr. Banks, pour lui réitérer la même demande ; & en ayant également reçu un refus, il frappa du pied, & dans un transport de fureur & de vengeance, il pouſſa Mr. Banks à quelque pas de-là. Nous laiſſâmes encore paſſer cette inſolence ſans la punir. Après s'être ainſi adreſſés à tous ceux auxquels ils ſuppoſaient quelque autorité dans le vaiſſeau, ils commencerent enfin à uſer de violence, & ſe ſaiſiſſant de deux tortues, ils allaient les emporter dans leur canot. Nos gens les en empêcherent, mais cela ne put les engager à abandonner leur deſſein. Voyant enfin que tous leurs efforts étaient inutiles, ils ſauterent dans leurs canots, avec tous les ſignes de la plus grande fureur, ſe rendirent immédiatement à terre, prirent un tiſon ardent, & tout en fuyant ils mirent le feu à l'herbe haute & féchée par l'ardeur du foleil, dont la terre était couverte. Leur but à cet égard était plein de malice. Il tendait à mettre le feu aux effets que nous avions encore à terre, & avant que nous euffions conçu leur deffein, tous les environs fe trouverent déjà embrafés. Heureufement que les poudres & la plupart des autres objets les plus indifpenfables avaient déjà été transportés à bord, de forte que nous ne perdîmes rien de fort effentiel par cet incendie.

Peu fatisfaits de cette vengeance, nos Indiens coururent à un autre endroit, où quelques-uns de nos gens étaient occupés à laver, & où ils avaient étendu les filets & une grande quantité de linge pour les fécher. Malgré nos prieres & nos menaces, ils mirent le feu à l'herbe féche. Alors nous nous crûmes obligés de tirer un coup à menu plomb fur l'un de ces fauvages; il en fut bleffé, ce qui lui fit prendre la fuite avec tous fes compagnons.

Peu après, nous vîmes de loin un parti d'Indiens, s'avancer vers nous; & Mr. Banks & moi, accompagnés de quelques autres, nous allâmes à leur rencontre. Après quelques tentatives pour leur infpirer des fentimens plus pacifiques, nous réuffîmes enfin par l'entremife d'un de leur vieillards, à mettre fin à la querelle. Alors ils nous préfenterent, comme à l'ordinaire, ceux de leur compagnie que nous ne connaiffions pas encore, & en confirmation de leur reconciliation parfaite, ils nous accompagnerent jusques vers le vaiffeau. Mais jamais nous ne pûmes les engager à venir à notre bord.

Durant notre féjour dans cette contrée, je m'occupai des moyens de trouver une iffue à travers les écueils & les bas-fonds qui rendent ces parages fi dangereux. J'étais monté de tems en tems fur des montagnes voifines, & ce que j'appercevais, ainfi que les rapports du pilote, que j'avais envoyé fonder, m'avaient convain-

eu de plus en plus, que l'entreprife de remettre en mer , était affujettie à mille
dangers tant manifeftes que cachés. Ce
pendant il fallait néceffairement la tenter
Notre vaiffeau était auffi bien réparé, qu'il
nous avait été poffible de le faire. Nous
n'attendions donc plus qu'un bon vent de
terre pour appareiller.

Dans cet entretems, un de nos gens
s'étant égaré dans le bois ; il y rencontra
inopinément quatre Indiens qui s'étaient
cachés derrière un buiffon. Cette rencontre le furprit ; mais il eut cependant affez
de préfence d'efprit pour fentir d'abord,
qu'il allait s'expofer à un plus grand danger en prenant la fuite, qu'en ayant l'air
de ne rien craindre. En conféquence de
cette réflexion fenfée, il prit un air de
confiance & de gaîté, & n'ayant rien fur
lui que fon couteau de poche, il leur en
fit préfent. Les Indiens le regarderent
l'un après l'autre, & après cela ils le lui
rendirent. Il voulut alors prendre con-

d'eux; mais ils infifterent pour qu'il reftât encore, & il eut la fermeté de s'affeoir à côté d'eux, fans témoigner la moindre crainte. Ils fe mirent enfuite à l'éxaminer, lui & fes habits, avec beaucoup d'attention; ils tâterent fes mains, comme s'ils avaient voulu fe convaincre, qu'il était un être de la même efpece qu'eux. Ils paflerent ainfi enfemble environ une demi-heure, très-amicalement & avec une pleine confiance réciproque; enfuite ils lui donnerent à entendre par fignes, qu'il pouvait s'en aller. Il ne tarda pas à profiter de cette permiffion, mais en partant, il manqua le vrai chemin. Les Indiens, qui s'en apperçurent, fe léverent fur-le-champ de devant leur feu, le fuivirent, & lui montrerent le chemin qu'il fallait prendre pour arriver au vaiffeau. Cette rencontre imprévue ne fe ferait affurément pas terminée auffi heureufement, fi au lieu de confiance & de fermeté, notre homme avait témoigné de la crainte.

& cela nous fournit encore une preuve.
que l'homme courageux court communément moins de dangers que le pusilla-
nime.

Mr. Banks, étant allé cependant de
l'autre côté du quartier, chercher de nouvelles plantes, y trouva ce qu'il ne cher-
chait pas : favoir, la plus grande partie
du drap dont nous avions fait préfent aux
Indiens dans nos différentes entrevues
avec eux. Il était dépofé là en un tas. Ces
gens croyant n'avoir aucun befoin de vêtement, avaient apparemment regardé le
drap que nous leur avions donné, comme
une chofe inutile, & qui ne valait pas la
peine de s'en embaraffer. Semblables a
certains philofophes, qui dédaignent ce
qui eft inutile, ils avaient jetté tout ce
fuperflu, quand après nous avoir quittés
ils étaient rentré dans leurs habitations
fauvages. Si Mr. Banks avait voulu
pouffer fes recherches plus loin. il aurait
auffi trouvé vraifemblablement les autres

bagatelles dont nous leur avions fait présent: car ils paraissaient regarder tout ce
que nous portions, & tout ce qui nous
entourait comme des choses inutiles, &
en faire peu de cas; à l'exception toute
fois des tortues, dont ils connaissaient
l'usage aussi bien que nous. Mais c'était là
précisément l'article dont nous pouvions
le moins nous passer.

Le vaisseau étant remit en aussi bon état
que cela avait pu se faire; nous désirions
un vent de terre qui nous portât en haute
mer, quelque crainte que nous donnassent
d'ailleurs le grand nombre d'écueils que
nous devions franchir. Mais enfin il fallait bien nous y hasarder, puisque nous
ne pouvions demeurer éternellement dans
ce lieu. Ce fut donc avec satisfaction, que
nous vîmes que ce vent désiré commençait
à souffler; & nous remîmes immédiate
ment à la voile.

26.

Nouveaux dangers & détresse qu'éprouve le vaisseau. Découverte d'un canal qui sépare la Nouvelle-Hollande de la Nouvelle-Guinée.

Résolu de prendre toutes les précautions possibles pour éviter les nouveaux dangers auxquels nous allions nous exposer, dès que nous fûmes hors de l'Endeavour, j'ordonnai de tems à autre qu'on jettât l'ancre; toujours dans la vue de faire des observations sur la manière de nous en tirer. Je montai dans la gabie, avec quelques-uns de mes officiers, d'où nous pouvions découvrir le labyrinthe d'écueils & de bas-fonds, dont nous étions environnés Cette vue n'était pas fort consolante. En vain notre œil se fatiguait-il, à découvrir quelque canal d'une profondeur égale & sûre, qui pût nous conduire en haute mer ; nous n'en appercevions point. Pour comble de détresse, le tems

commença à devenir orageux ; & ce nouveau contretems dura quelques jours fans
interruption. Cela nous obligea à rester à
l'ancre ; mais cette précaution même ne
fuffifait pas pour nous mettre en fûreté;
car de tems en tems nous fentions le vaiffeau chaffer fur fes ancres : c'eft-à-dire;
qui était mis en mouvement en traînant
fes ancres après lui ; & chaque fois que
cela arrivait, nous avions beaucoup de peine à le fixer de nouveau.

Il nous fallut paffer fix jours dans cet
état d'angoiffes. Enfin l'orage ceffa, &
nous nous hafardâmes à remettre à la voile, & à nous jetter au milieu des bas-
fonds, afin d'en fortir.

A peine eûmes-nous navigué quelque
tems, que nous nous trouvames dans une
eau très-dangereufe, où je jugeai urgent,
de nous remettre à l'ancre pour faire dérechef des recherches & des obfervations.
Dans cette vue, dès que le vaiffe u fut en
fûreté, Mr. Banks & moi nous rendîmes

dans une chaloupe, fur une île voifine, à environ cinq lieues marines du continent. J'y avais apperçu une montagne, du fommet de laquelle j'efperais mieux voir la fituation des bas-fonds, que je n'aurais pu le faire du continent, ou de la gabie.

Mais malheureufement le tems fe rembrunit tellement ce jour même, que je ne pus appercevoir que très-indiftinctement les intervalles, ou les canaux, qui pouvaient fe trouver entre le mur de rochers, que je voyais s'étendre dans la haute mer jusqu'à perte de vue. Je réfolus donc de pafler la nuit dans l'île, efpérant que le lendemain le tems permettrait de voir plus au loin.

Dès qu'il fut jour, j'envoyai la chaloupe vers les brifans pour fonder; Mr. Banks alla botanifer; quant à moi, je montai encore la montagne pour faire des découvertes. Mais à mon grand chagrin, le tems fe trouva, & refta encore plus couvert que la veille; & il fut en outre fi orageux, que la chaloupe revint fans avoir pu rien faire. Nous quittâmes donc l'île, affez fâchés de ces nouveaux contretems. Je lui donnai le nom d'île des Lézards, parceque nous n'y avions vu d'autre animal, qu'une efpece de grands lézards.

En retournant au vaiffeau, nous mîmes pied à terre dans une île baffe, où nous trouvâmes une quantité incroyable d'oifeaux, un nid d'aigle, & encore un autre nid énorme, dont malheureufement nous ne vîmes point l'architecte ni le propriétaire. A en juger par la grandeur du nid il faut que ce foit un oifeau d'une taille prodigieufe. Le nid n'avait pas moins de vingt-fix pieds de circonférence & deux pieds, huit pouces de haut. Il était conftruit à terre, de bâtons fort minces. Je nommai cette île, l'île des Aigles. Nous apperçûmes auffi dans ces deux Iles, des traces, qui montraient clairement que les Indiens du continent, viennent y pêcher.

Le 13 Août, nous nous hafardâmes derechef à lever l'ancre, & à continuer notre périlleufe navigation. Je ne prétends pas fatiguer mes lecteurs, par une defcription détaillée de chaque nouvelle difficulté que nous rencontrâmes. Je me contenterai de dire : que fous la fauvegarde de la providence, qui veillait fur notre fort, nous les furmontâmes toutes, & qu'après avoir franchi tous les écueils & tous les bas-fonds avec les plus grandes précautions, toute notre compagnie éprouva la joie inexprimable, de fe retrouver enfin dans une mer, où nous n'avions vraifemblablement plus à craindre, de rochers ni de bancs de fable.

Cette joie ne fut pourtant que de courte durée. Car nous nous apperçûmes d'abord que notre vaiffeau n'était pas à beaucoup près auffi bien réparé, que nous nous l'étions imaginés. Les violens coups des vagues y avaient déjà ouvert de fi grandes voies d'eau, qu'il ne faifait pas

moins de neuf pouces d'eau par heure;
& en même tems nos pompes étaient en
partie pourries ; ce qui en empêchait le
jeu. Nous avions en outre perdu la terre
de vue, ce qui était directement contraire, à l'un de mes desseins les plus importans. Car je voulais à tout prix, découvrir, dans ce voyage, si la terre dont
j'avais longé les côtes, se joignait à la
Nouvelle-Guinée, ou si elle en était séparée par un canal ? Pour y parvenir, il
me fallait ne pas perdre ce continent de
vue, & préférer ainsi, en nous rappro-
chans de la côte, une navigation dangereuse, à une qui l'était moins.

C'est ce que nous fîmes en effet, & dès
avant l'entrée de la nuit, nous revîmes
la terre, mais en même tems aussi l'écume des vagues qui allaient se briser contre des écueils cachés. La mer était calme
alors: ce qui ne nous empêcha cependant
pas d'être entraînés insensiblement durant la nuit, par les courans; de manière,

que, dès les quatre heures du matin, nous entendions diftin&tement le bruit des vagues, & qu'au point du jour nous vîmes affez près de nous, des flots d'écume s'élancer à une hauteur prodigieufe par deffus les brifans. Voilà comment le malheur recommençait déjà à nous pourfuivre, avec une fureur redoublée. Les vagues fe précipitaient vers les brifans & y entrainaient le navire avec une rapidité effrayante. Nous recouiûmes à tous les moyens imaginables pour nous tirer de ce péril; mais fans fuccès quelconque. Nous tentâmes de jetter l'ancre, & il n'y avait pas de fond. Nous voulions fuir le danger à l'aide de nos voiles; mais loin d'avoir affez de vent, l'air n'était pas même agité du moindre fouffle; & les vagues nous faifaient néanmoins dériver toujours plus près de ce mur de brifans.

Dans cette fituation terrible, il ne nous reftait de reffource, que dans nos chaloupes: & même cette reſſource nous manquait à un certain point ; car la pinaſſe ſe trouvait par malheur, entre les mains du charpentier, & n'était pas tout-à-fait reparée. Nous mîmes cependant la grande & la petite chaloupe à la mer, & nous les envoyâmes en avant, pour tirer le vaiſſeau à la remorque. a) Quant à ceux qui reſterent à bord. Ils ne ſe tinrent point les bras croiſés; ils faciliterent ce travail, au moyen de longues rames appliquées à la pouppe du navire. C'eſt ainſi que nous réuſſîmes à revirer la proue vers le Nord; & quoique ce mouvement ne pût empêcher ſeul notre naufrage, au moins le retardait-il : Or un retard pareil eſt un avantage, dans une ſituation déseſpérée que celle où nous nous trouvions.

Ce travail avait duré jusqu'à ſix heures du matin; & nous voyions alors ſi près

a) C'eſt tirer le vaiſſeau par le moyen des cables.

des rocs, que nous n'en étions plus qu'a cinquante toifes, & que les vagues qui venaient fe brifer contre le vaiffeau, en s'élevant de l'autre côté, allaient immédiatement fe rompre contre les écucils, après s'être élévées à une hauteur prodigieufe. Il n'y avait donc entre nous & la mort, qu'un intervalle terrible, & fi étroit, qu'il formait à peine la bafe d'une feule vague. Et cependant la mer n'avait point de fond; au moins n'en pouvions-nous point trouver à cent-vingt braffes de profondeur.

Tous les moyens de nous fauver femblaient donc évanouis. Au lieu de nous livrer à un lâche défefpoir; nous continuâmes néanmoins à travailler, comme fi nous avions pu compter fur le fuccès. Le charpentier avait cependant trouvé moyen de raccommoder la pinaffe, au moins de manière à pouvoir tenir la mer. Nous l'y defcendîmes promptement, pour aller affifter les autres chaloupes à la remorque. Cependant cette tentative & tous nos autres efforts pour nous fauver auraient été inutiles, fi la divine providence, au moment même le plus critique pour nous, n'eût permis qu'un vent léger vînt enfler nos voiles. Il était fi foible, qu'en tout autre occafion, à peine l'aurions-nous remarqué ; mais alors il put fuffe pour décider de notre fort : à l'aide des chaloupes, il nous mit à même d'écarter notre vaiffeau, loin des brifans, en lui faifant prendre une direction oblique.

Cet heureux fuccès ranima notre efpérance ; mais au bout de dix minutes, nous eûmes le même calme qu'auparavant ; les flots recommencerent à pouffer le vaiffeau vers les brifans, & déjà nous ne nous trouvions plus qu'à cent toifes de l'écueil où nous devions trouver la mort.

Dans cette circonftance, au moment où notre perte paraiffait dérechef inévitable : graces à la providence, il s'éléva dérechef

un courant d'air, léger mais propice, qui
dura environ dix minutes Dans cet heureux intervalle, nous apperçûmes une petite ouverture entre les brifans, & qui
paraiffait nous promettre un paffage. J'er-
voyai fans délai un de» affiftans du pilote,
pour l'éxaminer; & il revint avec la nouvelle, qu'elle n'était pas plus large que la
longueur de notre vaiffeau; mais qu'au
délà la mer était parfaitement tranquille.

Cette découverte, nous annonçait tout
au plus la poffibilité de nous fauver; mais
rien de plus. Il nous fallait, pour cela, avoir
le bonheur de faire paffer le navire précifément à travers cette trouée. Nous le tentâmes dans l'inftant même. Mais une circonftance imprévue empêcha l'éxecution
de ce deffein. Car lorsqu'enfin, par les
efforts réunis du faible vent que nous
avions & ceux des chaloupes, nous fûmes parvenus jusqu'à la trouée ; nous
trouvâmes que le flux avait ceffé & que
les eaux que ramenait le reflux, rebrouf-

faient avec violenre à travers la trouée, comme par une éclufe. Ce courant nous entraina à plus d'un quart de mille, & nous éloigna ainfi des écueils, mais malheureufement pas affez. Nous avions toujours encore lieu de douter fi nous pourrions nous fauver, & d'en douter, même en fuppofant que le petit courant d'air, qui ne foufflait plus, vint à fraîchir de nouveau. Nous nous trouvions toujours à la vue des brifans, & dès que le reflux allait ceffer, le flux devait repouffer le vaiffeau dans fon ancienne pofition, quelque réfiftance que nous euffions pu lui op, ofer.

Dans cet intervalle nous apperçûmes une autre trouée entre les écueils, à environ un mille à l'Oueft. J'y envoyai fur-le-champ, Mr. Hicks mon premier lieutenant, dans une petite chaloupe, pour l'éxaminer ; tandis que nous autres refifions au flux de toutes nos forces. Tantôt nous gagnions un peu fur lui, tantôt lui sur nous. Cependant chacun continuait son travail sans se décourager, & faisait son devoir avec autant d'exactitude & de tranquillité, que s'il n'y avait pas eu le moindre danger.

Enfin, au bout de quelque tems, Mr. Hicks revint avec la nouvelle que la trouée était étroite & dangereuse, mais que si la fortune nous favorisait, nous pourrions y passer. La simple possibilité d'un pareil passage nous suffisait, car quel est l'homme qui puisse redouter un danger incertain & éloigné, lorsqu'il s'agit d'en éviter un qu'il voit être inévitable? Par bonheur, dans le même moment, un vent léger s'éleva, de manière à favoriser notre dessein; car à l'aide des chaloupes ce vent nous conduisit non seulement jusqu'à l'ouverture, mais encore il nous poussa heureusement au travers. Il n'y eut pas jusqu'au flux, lequel aurait précipité notre mort, s'il n'y avait pas eu d'ouverture dans cet endroit, qui ne contribuât alors à notre falut. Son courant nous entraîna avec une telle violence , que le vaisseau traversa l'ouverture comme une flèche , & qu'il ne put donner contre aucun des bords de ce canal. Nous trouvâmes le fond très-inégal dans cette gorge ; car il changea subitement de trente à sept brasses ; & il était en outre très-dangereux.

Dès que nous eûmes passé les brisans, nous jettames l'ancre : & admirez la grandeur & la rapidté des vicissitudes humaines! Nous nous crûmes heureux de nous retrouver alors dans la même situation, dont deux jours auparavant nous avions si ardemment désiré de fortir, au point de regarder l'accomplissement de ce souhait comme le plus grand bonheur qui pût nous arriver. Cependant, quelque danger qu'il y eût, à voguer avec un vaisseau à demi brisé, en dedans d'une chaine d'écueils & au milieu d'une infinité de rochers & de bas-fonds; je pris la ferme résolution de ne point abandonner la ter-

…re, dans toute ma navigation vers le Nord, quoi qu'il pût arriver. Car il était beaucoup trop important à mes yeux, de déterminer : si la Nouvelle-Guinée ne formait qu'un même continent avec cette terre, pour balancer à affronter de nouveaux dangers pour m'en assurer. Le voluptueux oisif & timide, qui ne sent d'autre vocation, que celle de jouir des douceurs & des aisances du luxe, pourra nommer cette résolution de ma part une folle témérité. Elle doit l'être à ses yeux ; aux miens c'était un devoir, dont je me croyais redevable à ma patrie, qui m'avait envoyé pour faire des découvertes, & à tout le genre humain, à qui ces découvertes pouvaient être utiles.

Pour ne pas fatiguer mes lecteurs par l'uniformité de ma narration, j'omets toutes les difficultés & tous les dangers, que nous rencontrâmes à chaque heure dans cette navigation ; & je me contente de rapporter, qu'enfin, le 21 Août, nous parvînmes dans une contrée, où cette terre paraiſſait prendre fin, & être ſéparée par un canal, de pluſieurs îles ſituées plus au Nord. Nous nous trouvions donc parvenus à l'endroit, où il s'agiſſait de décider la queſtion, ſi cette terre était contiguë ou non, à la Nouvelle-Guinée? Pour acquérir une certitude parfaite ſur ce point, j'entrai dans ce canal; je fis jetter l'ancre; & j'allai à terre avec mes compagnons de voyage, ſous l'eſcorte d'un parti bien armé, pour monter ſur une montagne, d'où l'on pouvait voir commodément tous les environs de cette contrée.

En quittant le vaiſſeau, nous apperçûmes dix Indiens à terre : il y en avait un armé d'un arc & de tout un faiſceau de flêches, ce qui dans ce pays là nous parut nouveau, & unique dans ſon genre. Les neuf autres avaient des lances. Il en vint trois au rivage, du nombre desquels était l'archer; & ils ſe placerent vis-à-vis de nous.

nous. Nous crûmes d'abord qu'ils vou‑
laient nous difputer le débarquement; mais
quand nous fûmes venus jusqu'à la portée
du fufil, ils s'en allerent tranquillement
& fans fe preffer. Là-deffus nous mîmes
pied à terre, & nous montâmes tout de
fuite fur la montagne, qui était trois fois
plus haute que la gabie, et entièrement
nue. Lorsque nous fûmes parvenus au
fommet, et que nous jettâmes nos regards
toutal entour; je vis à ma très-grande joie,
qu'il n'y avait point de terre au Sud-Oueft
du canal, à portée de ma vue. Je ne dou‑
tai donc plus du tout, que je n'euffe trou‑
vé là un canal, qui, en féparant la Nou‑
velle-Hollande de la Nouvelle-Guinée, con‑
duit de la mer du Sud dans celles des
Indes.

Après avoir ainfi remonté la côte orien‑
tale de la Nouvelle-Hollande, (que je fuis
certain qu'aucun Européen n'a vue avant
moi) depuis le trente-huitieme, jusqu'au
onzième dégré de latitude, ce qui équi‑

VI.   K

vaut à quatre cents milles géographiques, et me trouvant enfin fur le point de la quitter, j'y arborai pour la dernière fois encore un pavillon, et pris formellement poffeffion de toute cette côte orientale, avec toutes fes baies, fes ports, fes parages & fes isles au nom de fa Majefté George III. notre gracieux Souverain, & je la nommai la Nouvelle-Galles - méridionale. Nous fîmes enfuite une triple décharge de moufquéterie, à laquelle le vaiffeau repondit de même. L'isle fur laquelle nous célébrâmes cette folemnité reçut le nom d'Isle de poffeffion (*poffeffion Iland*) après quoi nous regagnâmes la chaloupe, pour nous rendre au vaiffeau.

Le lendemain, nous remîmes à la voile, & nous entrâmes dans le canal, très-fatisfaits de l'avoir découvert. Il eft bordé au Sud-Eft par la Nouvelle-Hollande, & au Nord-Oueft par une multitude d'isles que je nommai Isles du-Prince-de-Galles, & qui s'étendent apparemment jusqu'à la nouvelle Guinée. Sur la plupart de ces isles, nous vîmes de la fumée s'élever en l'air; ce qui eſt un ſigne certain qu'elles ſont habitées.

27.

Deſcription plus détaillée de la côte orien-
tale de la Nouvelle Hollande, nommée
à préſent Nouvelle-Galles-méridonale.
Des productions naturelles et habitans
de cette contrée.

Ce pays eſt plus étendu qu'aucun autre du monde connu, à l'exception de ceux que l'on nomme continens ou parties du monde. Nous n'en reconnûmes à la vérité que la côte orientale; mais elle avait ſeulement dans l'étendue de notre naviga-tion plus de quatre cent milles géogra-phiques de longueur, ce qui prouve que la ſurface du pays doit être beaucoup plus conſiderable que celle de l'Europe en-tiere. La région de cette contrée vers le Sud, auſſi loin que nous avons pu la voir, eſt baſſe & unie; vers le Nord, le pays

K 2

s'éleve, mais nulle - part affez pour qu'on puifle le nommer montagneux. En général, le fol n'y parait point du tout fertile. L'herbe y eft haute, il eft vrai; mais en revanche clair-femée, & dans les contrées où fe trouvent les arbres plus grands, ils font à plus de quarante pieds de diftance les uns des autres. Quoique nous ayions vu ce pays dans la faifon la plus feche, nous y avons trouvé néanmoins beaucoup de petits ruiffeaux & de fources, mais nul fleuve ou grande rivière; ce qui eft encore une preuve, que tout le pays ne contient pas de hautes montagnes.

Parmi les arbres fruitiers de ce continent nous trouvâmes trois efpeces de palmier. Le chou qu'on trouve fur deux de ces efpeces eft petit, mais fort doux et délicat. La troifième efpece ne porte point de ces choux, mais beaucoup de noix de la grandeur d'une grande châtaigne. Nous vîmes, autour des foyers des Indiens, une

conclûmes qu'elles étaient mangeables Mais
nous dûmes payer cher l'essai que nous
en fîmes; car ce fruit produisit sur nous
l'effet d'une médecine vomitive & purga-
tive très-violente. Cependant il nous parut certain que les Indiens le mangent : il
est vrai aussi que l'Indien a une constitu-
tion toute différente de celle de l'Européen, amolli par les jouissances des peuples civilisés & industrieux. C'est à quoi
nous aurions dû songer. Nos porcs même paraissaient ne pouvoir supporter cet
aliment. Ils en mangeaint à la vérité,
& pendant quelque tems on eût dit qu'ils
s'en trouvaient bien : mais huit jours après,
ils se trouverent malades ; il y en eut deux
qui périrent, & nous eûmes toutes les
peines du monde à sauver les autres.

Outre ces arbres, il y a encore plusieurs
arbustes & arbrisseaux, totalement inconnus en Europe. Il y en a un qui produit
de chétives figues ; un autre portait une

aux nôtres que par la couleur; un troifième produit une efpece de pommes pour-
prées, qui quand on les laiſſait mortifier
quelques jours, avaient à-peu-près le goût
de nos prunes.

Le botanicien trouve dans ces lieux une
grande abondance de plantes nouvelles &
inconnues; mais il n'y en a qu'un très petit
nombre de mangeables.

Parmi les quadrupédes, que nous y rencontrâmes, j'ai déjà fait mention du chien,
& du Kaenguru, animal inconnu en Europe. Nous y vîmes encore une efpece
de putois, & quelques uns d'entre nous
prétendaient y avoir apperçu des loups.
Il y eut même un de nos mattelots qui
crut y avoir vu le diable, ainſi que je l'ai
rapporté : mais on trouva que ce n'était
qu'une grande chauve-fouris. Quant à
celles-ci, il y en avait de pluſieurs efpeces
dont quelques-unes font d'une taille fupérieure à toutes les chauve-fouris qu'on
trouve ailleurs.

Pour ce qui regarde les oiſeaux de mer & de terre, il s'en trouve dans ces contrées une très-grande quantité & des eſpeces très-variées. Parmi ceux de terre, il faut ranger des perroquets grands & petits, des cacadous & autres oiſeaux d'une beauté rare. Nous vîmes ſurtout une quantité immenſe de pigeons, qui ſont très-beaux dans cette contrée, & qui ont une eſpece de bouffette toute particulière, telle que nous n'en avions jamais vu encore.

Entre autres reptiles, on trouve dans ce continent pluſieurs eſpeces de ſerpens, dont quelques-uns ſont vénimeux & d'autres ne ſont aucun mal : on y voit en outre des ſcorpions, des cloportes & des lézards. Les inſectes ſont en petit nombre; les principaux ſont les moſquites & les fourmis. De celles-ci, il y en a une eſpece, d'un verd-naiſſant, qui vit ſur les arbres, & qui y forme des nids de différentes grandeurs; les plus petits ſont de la groſſeur du poing, les plus grands de celle de la tête. La conſtruction de ces nids eſt très-remarquable: ils conſiſtent en pluſieurs feuilles d'arbres, chacune de la largeur de la main. Ces inſectes en courbent pluſieurs, & en collent les pointes enſemble, de façon à leur donner la forme d'une bourſe. La colle dont ils ſe ſervent à cet uſage, eſt un ſuc, que la nature prépare elle-même dans leur corps. Nous n'eûmes pas occaſion de voir comme ils s'y prennent pour abbaiſſer & courber ces feuilles: mais nous en vîmes, ſur pluſieurs de ces feuilles déjà courbées, des milliers faire tous leurs efforts pour les contenir, tandis qu'en dedans une troupe était occupée à les coller, pourqu'elles ne repriſſent point leur poſition & leur forme primitive. Pour nous convaincre que ces feuilles ne prenaient & ne gardaient leur forme courbée que par les efforts réunis de ces petits architectes, nous les troublâmes & les chaſſâmes de leur travail, & à l'inſtant les feuilles reprirent leur forme naturelle. La force élaftique avec laquelle cela fe fit, nous parut fi grande, qu'à peine pouvait-on concevoir qu'il fût poffible à de fi petits animaux de la furmonter. Mais l'action par laquelle nous fatisfîmes notre curiofité à leurs dépens, ne refta pas impunie de leur part. Des milliers vinrent nous attaquer tout de fuite, & nous cauferent des douleurs inexprimables par leurs piquures. Les plus vives furent celles que nous reçûmes des fourmis qui s'attacherent au cou & à nos cheveux, parceque nous ne pouvions les en chaffer aifément. Leur piquure était presqu' auffi forte que celle d'une abeille, mais la douleur n'en durait jamais qu'une minute. Nous trouvâmes encore quelques autres efpeces de fourmis. dont il y en a une qui fe forme des demeures en creufant dans les branches des arbres, comme nous l'avons rapporté plus haut.

C'eft la mer qui fournit aux indigènes les alimens les plus abondans. Rarement

jettions-nous le filet, fans retirer de cinquante à deux cens livres pefant de poiffons, dont la plupart étaient très-bons à
manger. Sur les brifans & les bancs de
fable, il y a une quantité incroyable de
tortues vertes du goût le plus délicat, &
plufieurs efpeces d'huitres, furtout d'huitres de roche & d'huitres à perles. Il
s'y trouve en outre des efcargots de mer
& des crabbes, & dans quelques baies, des
alligators (efpece de petits crocodiles).

En égard à la grandeur du pays, la population en ar i certainement très-faible.
La plus grande troupe d'indigènes que
nous y ayons jamais vu réunie, ne paffait
pas trente perfonnes.

Il eft vrai que nous n'avons vu, de tout
ce vafte continent, que la côte orientale,
& qu'entre celle-ci & la côte occidentale;
il y a une immenfe éte due de pays qui
n'a jamais été examinée. Mais il eft po
ant très-probable, que t ute ce e va e con-
rée eft ou entièrement dé rte, ou u

moins encore moins peuplée que la côte.
Il eſt impoſſible que les habitans de l'intérieur puiſſent ſubſiſter dans toutes les ſai-
ſons ſans agriculture ; & ſi l'on connaiſſait
la culture des terres dans l'intérieur du
pays, on en aurait néceſſairement quelque connaiſſance ſur les côtes. Or nous
n'en avons pas trouvé la moindre trace.
Il eſt donc probable, que les ſeules terres
habitées dans ces contrées, ſont celles où
la mer peut contribuer à l'entretien des
habitans.

Tous ceux de la contrée, où nous ré-
parâmes notre vaiſſeau, & où nous fîmes
le plus long ſéjour, ne formaient que
vingt-un individus, ſavoir douze hommes,
ſept femmes, un garçon & une fille. Jamais nous n'avons vu les femmes de près ;
car toutes les fois que les hommes venaient
nous voir, elles reſtaient toujours à
quelque diſtance en arrière. Les hommes
étaient de moyenne taille, bien faits, &
extrêmement forts, agiles & légers. Leur

phyſionomie ne manquait pas d'expreſſion ; & leur voix était plus douce & plus
claire, qu'on n'aime que le ſoit la voix
d'un homme. Au reſte ils étaient ſi ſales,
qu'on eût dit qu'ils s'étaient enduit tout
le corps d'ordures. Auſſi était-il abſolument impoſſible de voir, qu'elle était origi-
nairement la couleur de leur peau. Nous
tentâmes à la verité de le découvrir, en les
lavant & les frottant ; mais cela ne fit presqu' aucun effet, & la croûte d'ordure
ſemblait incruſtée dans la peau. La dernière couche qu'on ne pouvait plus laver,
etait de couleur de chocolat. Leurs nez
ne ſont ni plats ni écraſés, & les levres
ſont de groſſeur ordinaire. Ils ont les
dents belles, blanches & bien rangées, la
chevelure noire & naturellement longue;
mais ils la coupent preſque tous. Leurs
cheveux étaient en outre ſales & gluans,
comme le reſte de leur corps, mais cependant exempts de vermine. Ils ont la
barbe noire, forte & touffue; mais ils ne

lui laiſſent pas non plus prenⁿre ſon ac-
croiſſement naturel.   En l'examinant de
près, no s vîmes qu'ils ont cout n e de
ſe la brûler.   Apparemment qu'ils en font
de même à l'égard de leurs cheveux; car
nous ne vîmes jamais, chez eux, le moindre i ſtrument tranchant.

Ils ont le coⁱps abſolument nud, & de
même que les animaux. ils paraiſſent
ne point connaître le ſentiment de la pudeur. Et cependant ils ne ſont point
du tout exempts de vanité; ce qui paraitra
fort ſingulier ſans doute , pour de chétives créatures humaines auſſi miſérables.
Car quoiqu'ils ne jugent pas néceſſaire de
couvrir leur nudité; ils regardent pourtant la parure comme fort-eſſentielle. Et
en quoi cette parure peut-elle conſiſter ?
D'abord, (je demande ici l'attention des
jeunes perſonnes du ſéxe, qui pourront
lire ceci, & qui ſont jalouſes de leurs
atours) d'abord, dis-je. cette parure conſiſte en un os de la groſſeur du doigt, &

de cinq à six pouces de long, qu'ils se paffent dans la cloifon des narines, qu'ils ont
percée à cet effet. Cet os leur déborde
les deux côtés du vifage, & leur bouche
les narines au point que pour refpirer, ils
font obligés de tenir toujours la bouche
ouverte. Il gêne auffi tellement la facul-
té de parler, qu'ils ont peine à s'entendre
eux-mêmes. Cette parure leur donnait à
nos yeux un air grotefque, qu' avant d'y
étre habitués, nous avions toujours beaucoup de peine à les envifager fans éclater
de rire. Quant à eux, ils paraiffaient en
tirer vanité ; tant les idées du beau & du
laid varient chez les hommes ! Ce qui parait infupportable à l'un, femble délicieux
à l'autre. Tous obéiffent cependant aux
loix de la mode.

Outre cet ornement du nez, ils portaient auffi des colliers, faits de coquillages
joliment taillés & enfilés ; & de plus des
braffelets de cordons, liés en double ou
en triple au haut du bras. Ils portaient

un pareil cordon d'une treffe de cheveux
& de la groffeur d'un fil, autour du bas-
ventre. Quelques - uns fe paraient encore
d'un collier de coquillages, attaché fur la
nuque, & qui de-là leur defcendait fur
la poitrine. Ils peignent auffi leur corps
enduit d'ordure. çà & là de couleur blanche
& rouge, pour lui donner un air bien bi-
garré. Ils fe font de petites mouches de
cette couleur blanche dans le vifage, &
s'en tracent un grand cercle autour des
yeux. La couleur rouge dont ils s'or-
naient paraiffait être de l'arfenic rouge;
mais pour le blanc, nous ne pûmes découvrir ce que c'était. Il paraiffait être de
petits grains, appliqués l'un auprès de
l'autre. Enfin, ces fauvages avaient tous
les oreilles percées, mais nous n'en vîmes aucun, qui y portât quelque ornement.

Nous aurions volontiers échangé quelques-unes de ces parures; mais ils en
faifaient beaucoup trop de cas, pour que

nous puffions les engager à nous en céder aucune. Cela doit paraitre d'autant plus fingulier, que nos grains de verre formaient non feulement une parure femblable, mais encore beaucoup plus brillante. Cependant je dois obferver en même tems une chofe qui paraîtra encore plus fingulière ; c'eft que ces gens n'avaient pas la moindre idée de commerce ou de troc, & qu'il nous fut impoffible de leur en donner. Ils acceptaient ce que nous leur donnions ; mais jamais nous ne pûmes leur faire entendre, que nous défirions quelque chofe en échange, quelques efforts que nous fiffions pour y réuffir. Il y a plus ; c'eft que tout ce que nous avions, ou ce que nous leur montrions, leur était abfolument indifferent : non feulement ils n'avaient aucune envie de nous rien acheter ; ils ne fentaient pas même la moindre tentation de nous voler. S'ils avaient défiré quelque chofe, ils auraient été moins honnêtes. On fe trom-

perait fort fi l'on faifait honneur, de leur
probité apparente, à un fentiment de vertu. Elle ne provenait que d'un défaut to-
tal de défir. C'eft ce que prouva leur
conduite à notre égard, lorfque nous
eûmes refufé de leur céder nos tortues,
ainfi que nous l'avons rapporté. Mais à
ce feul article près, nous n'avions rien
qui leur parût du moindre prix. Auffi
jetterent-ils prefque toutes les belles bagatelles dont nous leur avions fait préfent,
comme font les enfans de leurs joujoux,
lorsqu'ils font las de les regarder.

Cependant ces miférables creatures paraiffent être beaucoup plus riches que nous,
à l'égard du premier & du plus grand
bien de la vie; favoir, de la fanté. Nous
n'en vîmes abfolument aucun, qui ne parût jouir d'une conftitution parfaite; &
l'on ne pouvait découvrir aucun autre figne de douleur corporelle qu'ils euffent
éprouvé, fi non de grandes & horribles
cicatrices, provenant apparemment de

bleſſures qu'ils s'étaient faites eux-mêmes,
avec quelque inſtrument mal aiguiſé, &
dont ils nous donnerent à entendre par
ſignes, que c'étaient des monumens de
douleur pour la mort de leurs amis.

Ils paraiſſent n'avoir nulle-part de demeure fixe. Leurs miſérables cabanes,
par leur architecture & par leur diſpoſition
intérieure, nous ſemblerent plus groſſiè-
rement & plus négligemment conſtruites,
que tout ce que nous avions vu en ce
genre. Elles conſiſtent en branches d'arbres fléxibles. Ils les plient en arc, &
les plantent en terre par les deux extré-
mités, après quoi ils les couvrent de feuilles de palmier ou d'écorces d'arbre, de
ſorte qu'un tel domicile a l'air & la forme
d'un four. D'ailleurs il eſt ſi petit qu'un
homme ne peut ni s'y tenir debout, ni
s'y étendre tout de ſon long. C'eſt dans
ces cabanes ou dans ces abris, qu'ils couchent dans une poſture ramaſſée, de façon que les pieds touchent preſque la tête;

& dans cette fituation génante, trois à quatre perfonnes peuvent y tenir au be-foin. Dans les regions chaudes de ce continent, nous trouvâmes ces cabanes faites encore plus négligemment. Auffi ne les habitent-ils pas toujours; car ils ne demeurent dans une contrée qu'autant, qu'ils y trouvent des vivres. Quand ils ont confumé ceux qu'elle fournit, ils vont ailleurs, & abandonnent leurs habitations. Mais lorsqu'ils font en marche, pour ainfi dire, & qu'ils ne comptent refter qu'une couple de jours dans un endroit, ils couchent à la belle étoile, & n'ont d'autre abri qu'un buiffon, ou de l'herbe qui croît là, à environ deux pieds de hauteur.

Leur mobilier s'accorde avec leurs demeures; étant tout auffi chétif que celles-ci. Un vafe long, fait d'écorce d'arbre, pour puifer de l'eau; une petite bourfe de fils liés enfemble, où ils confervent un peu de couleur pour fe farder; quelques hameçons & quelques lignes; quelques pointes de dards; voilà ce qui forme toutes leurs poſſeſſions, & ils les transportent ſur leur dos.

Leurs hameçons ſont faits de coquillages, & très-proprement travaillés. Les lignes auxquelles ils les attachent, varient pour la groſſeur: les plus fines ne ſont guère plus groſſes qu'un cheveu; les plus fortes ont l'épaiſſeur d'un demi - pouce. Ils les font des filamens d'une plante, que nous n'eûmes pas occaſion de connaître. Ils ont inventé en outre un inſtrument pour prendre des tortues, dont la deſcription ne ſuffirait pas pour en donner une idée nette à mes lecteurs. Je renonce donc à la placer ici. Mais je les prie encore à cette occaſion, d'obſerver à quel point le beſoin rend inventif là comme partout ailleurs; & combien il eſt néceſſaire, pour donner à l'eſprit de la ſagacité. dès la jeuneſſe, de ſouffrir auſſi peu que poſſible, que les autres nous ſervent,

& de s'habituer à fatisfaire fes befoins, autant qu'on le peut, par fes propres réfléxions & par l'emploi de fes propres forces.

Leur principal aliment confifte en poiffons; cependant il fe peut que de tems en tems ils trouvent moyen de tuer un Kaenguru, (mes jeunes lecteurs voudront bien fe rappeller la defcription que j'ai donné plus haut de cet animal) & quelques oifeaux. Ceux-ci font cependant fi farouches dans ce pays, qu'à peine pouvions - nous les atteindre avec nos fufils. La feule plante de cette contrée que l'on puiffe regarder comme un aliment, c'eft la racine d'igname; cependant il parait qu'on s'y nourrit auffi de quelques fruits d'arbres. Selon les obfervations que nous pûmes faire, les indigènes ne mangent aucune efpece de chair crue : mais n'ayant point de vafe pour la cuire, ils la grillent fur des charbons, ou ils l'étuvent au moyen de pierres rougies dans des trous faits en terre, comme font les habitans des isles de la mer du Sud.

Nous obfervâmes que plufieurs d'entre eux tenaient certaines feuilles continuellement à la bouche, comme les Européens ont l'habitude de mâcher du tabac, ou les Orientaux du bétel. Mais de quelle plante proviennent ces feuilles? C'eft ce que nous ne pûmes apprendre.

Quant à la façon dont ils pourfuivent le gibier, ou dont ils tâchent d'attrapper des oifeaux, nous crûmes en avoir découvert les circonftances que voici. Nous trouvâmes qu'ils avaient fait partout, dans les troncs des grands arbres, des entaillades comme des marches. Apparemment que cela fe fait dans la vue d'y grimper plus facilement & d'y attendre jufqu'à ce que l'animal paffe, ou les approche affez, pour l'atteindre d'un coup de lance. Peut-être auffi qu'ils emploient le même moyen, pour fe faifir des oifeaux, qui fe perchent le soir sur ces arbres, afin d'y passer la nuit.

28.

Continuation de la description de la Nouvelle - Galles - méridionale. Trajet à la Nouvelle - Guinée.

La maniere & la célérité dont les sauvages habitans de ce pays savent faire du feu, est digne d'admiration. Ils prennent à cet effet deux morceaux de bois sec & tendre. L'un est un bâton de huit à neuf pouces; l'autre doit être une piece platte. Ils forment comme une pointe au bâton, & le plaçant avec cette pointe, sur la piéce platte, ils le font tourner rapidement entre leurs mains comme un moulinet. Par ce moyen, le bois commence à se chauffer & à fumer en moins de deux minutes. La moindre étincelle leur suffit, car ils savent accroître le feu très-

rapidement & avec beaucoup d'habileté.
Voici comment ils s'y prennent pour cela. Ils entortillent l'étincelle qu'ils ont
produite d'une poignée d'herbe féche, &
fe mettent à courir de toutes leurs forces
en la tenant à la main. Dans peu d'inftans, le feu fe communique à cette herbe,
& l'enflamme, par la rapidité du mouvement. Enfuite ils fe baiffent un inftant
& pofent l'herbe enflammée à terre; ils
prennent une nouvelle étincelle, qu'ils
enveloppent dans une autre poignée, &
fe mettent à courir encore. Partout où
ils fe baiffent, on voit tout de fuite une
flamme s'élever en l'air, parceque le feu
qu'ils pofent à terre, faifit d'abord l'herbe
féche d'alentour.

C'eft ainfi qu'ils favent embrafer en peu
de tems une étendue confidérable de ter-
reins, ainfi que je l'ai déjà rapporté; &
apparemment qu'ils fe fervent de ce moyen, pour prendre le Kaenguru, en l'en-
tourant partout de feu. Au moins avons-

nous obfervé que cet animal a une crainte extrême de cet élément : il avait même
un tel effroi pour les fimples emplacemens où il y en avait eu, quoi qu'il fû
tout à fait éteint ; qu' à peine pouvait-on
l'obliger à y paffer , en le chaffant de ce
côté avec des chiens.

Les armes de ces Indiens confiftent en
dards ou lances, & ils en ont de plufieurs
efpeces. Nous en vimes qui avaient quatre pointes, non feulement chacune armée
d'un os, mais encore pourvues d'une
arête. Ils enduifent ces pointes d'une ré-
fine dure, qui les rend non feulement lui-
fantes, mais encore liffes , & par là elles
entrent plus aifément & plus profondement dans le corps qu'elles atteignent.
Dans d'autres contrées, on voit des lances
qui n'ont qu'une pointe. La hampe confifte en un jonc ; c'eft un végétal qui
reffemble à cette plante. On la fait de
huit à quatorze pieds ; mais de plufieurs
peices emboitées l'une dans l'autre & liées

VI   L

enfemble. La pointe qu'on y attache eft
un morceau de bois dur & pefant, ou
une arête de poiffon. Au lieu de crochets
ils joignent communément à ces pointes
des arêtes de poiffons plus petites, qu'ils
y attachent la pointe tournée du coté op-
pofé. Dans les pointes faites de bois, ils
fourrent d'ordinaire des morceaux de coquillages, en couvrant les joints de re-
fine.

Une lance pourvue de ces crocs, eft certainement une arme terrible. Car lorsqu'elle a pénétré, on ne faurait la retirer
de la plaie, fans arracher la chair, ou fans
y laiffer les éclats tranchans & pointus
des arêtes & des coquillages. Ils favent
lancer ces armes avec une adreffe & une
force particulières. De cinq jufqu'à dix
toifes ils les jettent de la main : mais lorsqu' elles doivent aller de quinze jufqu'à
trente toifes, ils fe fervent d'un inftrument, que nous nommâmes un *lançoir*.
Ç'eft un petit bâton uni, fait d'un boi

dur, du plus beau poli, ayant deux pou‑
ces de large, un demi pouce d'épaiſſeur &
trois pieds de long. Ils s'en ſervent pour
lancer au loin leur arme d'une manière,
que je tenterais en vain d'expliquer claire‑
ment à mes jeunes lecteurs. L'effet en
eſt ſurprenant; car ils atteignent le but à
trente toiſes de diſtance, avec une juſteſſe
incomparablement plus grande, que nous
ne le faiſions avec une balle.

Quant à des armes défenſives, nous ne
vîmes parmi les naturels de ces pays qu'‑
une targe ou un bouclier oblong, d'en‑
viron trois pieds de haut, d'un pied & de‑
mi de large & fait d'écorce d'arbre. Il
faut que ces naturels employent fréquem‑
ment ces ſortes de boucliers; car nous
trouvions ſouvent des arbres, auxquels
il manquait des morceaux d'écorce de
cette même forme. Quelquefois nous voy‑
ions auſſi toute la forme du bouclier en‑
taillée dans l'écorce, de façon cependant
qu'elle n'était point enlevée, mais ſeule‑

ment détachée un peu au bord, & main-
tenue dans cette fituation par des coins.
Il paroît donc que ces gens ont obfervé
que l'écorce des arbres en devient plus
épaiffe & plus forte, lorsqu' on en dé-
coupe un morceau tout à l'entour & qu'on
la laiffe encore quelque tems à l'arbre
dans cette fituation.

Les canots de ce peuple fauvage, font
faits tout auffi fimplement & auffi mal que
leurs cabanes. Sur la côte méridionale
de ce continent, ils ne confiftent qu'en
un fimple morceau d'écorce d'arbre, d'environ douze pieds de long, lié enfemble
par les deux bouts, & écarté au milieu par
des bâtons qu'on y a fait entrer par force.
Quelque miférable & peu fûr que foit un
pareil canot, nous en vimes pourtant une
fois un, qui portait trois perfonnes. Dans
les eaux baffes, ils les pouffent avec des
perches; & là où elles font plus profondes. ils les font avancer avec des rames
plattes. Tout fimples que foient ces ca-

nots, ils n'en ont pas moins leurs avantages. Par exemple, ils prennent peu d'eau, & font très légers; on peut par conféquent s'en fervir pour aller fur les bancs de limon les plus élévés, & y ramaffer des teftacées; & c'eft là l'ufage le plus important qu'ils en font. Nous avons encore obfervé, qu'il y avait toujours au milieu du canot une groffe couche d'herbes marines, fur laquelle ils entretiennent communément du feu, apparemment afin que ceux qui vont à la pêche puiffent d'abord fatisfaire leur faim , & préparer & manger fans délai ce qu'ils ont pris. Plus nous avançâmes vers le Nord, plus nous trouvâmes que les canots avaient meilleure apparence. Ils n'étaient plus faits d'écorce, mais du tronc d'un arbre, creufé par le feu, & enfuite affez artiftement travaillé.

L'unique inftrument dont ils fe fervent à cet effet, c'eft une hache, très-mal faite, quelques morceaux de la même pierre, ayant la forme d'un coin ; un maillet de bois, une couple de coquillages, & quelques pieces de corail ; les coquillages pour couper, & les coraux pour limer. Pour liſſer leurs lançoirs & les pointes de leurs javelots, ils ſe ſervent des feuilles d'un eſpece de figuier ſauvage. Ces feuilles travaillent le bois preſqu' auſſi fort que je prêle, dont nos menuiſiers ſ· ſervent pour polir. Produire un bateau avec ces outils & à l'aide du feu, ce doit être ſans doute un ouvrage très-long & trè.-difficile: Nous autres Européens, accoutumés à l'uſage d'outils de métal, nous ſerions tentés de le croire impoſſible. Mais on voit par-là, qu'il n'y a point de difficulté dont une application conſtante, de la patience & de la fermeté ne viennent à bout ; & c'eſt là une vérité que je crois ne pouvoir aſſez répéter à mes jeunes lecteurs.

J'ai déja dit que la population de ce vaſte continent doit être très-faible. Quelle peut en être la raiſon ? Ces gens

fe detruifent-ils entre-eux, comme les habitans de la Nouvelle-Seelande? Eft-ce la
faim qui les fait périr. Ou y a-t-il quelqu' autre caufe qui s'oppofe à leur multi-
plication? Ce font là des queftions dont
nous fommes obligés d'abandonner la fo-
lution à d'autres navigateurs. Nos propres obfervations défectueufes ne nous
mettent point en état de les décider. Ils
fe font fans doute la guerre; au moins
doit-on le préfumer à en juger par leurs
armes. Car quand même on prétendrait
que leurs lances ne leur fervent qu'à la
chaffe & à la pêche; leur bouclier ne
fauroit leur fervir qu'à fe couvrir contre
les attaques d'un ennemi. Cepen(
nous ne vîmes d'autre marque d'hoftilité
exercée entre eux, qu'un bouclier percé
d'une lance.

Nous ne pouvons pas décider avec certitude, s'ils font lâches ou braves? Il eft
vrai qu'un jour deux hommes s'oppofe-
rent avec beaucoup de réfolution à notre

débarquement, lorsque nous voulumes approcher de leur côte dans deux canots bien armés; & l'obstination de l'un, qui ayant été blessé d'un coup à dragée, revint encore une fois, nous braver, semble prouver que non seulement ils sont courageux, mais qu'ils doivent s'être familiarisés aux dangers de la guerre, & former une peuplade martiale. Mais dans tous les autres endroits, ils se montrerent singulièrement lâches & timides; car dès que nous paraissions, ils s'enfuyaient en grande hâte, & ne se hazardaient même pas à nous menacer de loin. Cela nous porta à les croire généralement plutôt lâches que courageux.

En voilà assez sur les habitans de ce pays. Je vais reprendre le fil de la relation de notre voyage, & rapporter les événemens ultérieurs de notre navigation.

Nous cinglâmes à l'Ouest-Nord-Ouest. Mais le soir, un vent contraire s'étant élevé, nous nous vîmes obligés de mouil-

ler, & de refter la nuit à l'ancre. Vers
le matin, nous voulûmes continuer notre
courfe; mais nous eûmes le malheur de
rompre notre cable , & l'ancre refta au
fond de la mer. De l'y laiffer, c'eft à
quoi nous ne pouvions nous réfoud e ;
cette perte nous aurait été trop fenfible :
J'en fis donc jetter tout de fuite une au.
tre, pour arrêter le vaiffeau, & pour tâcher enfuite de retrouver celle que nous
avions perdue. Nous réuffimes à decou-
vrir l'endroit où elle fe trouvait, & ayant
commencé à faire ce qu'en langage de
marin on appelle draguer, *a*) nous eûmes

L 5

a) Draguer c'eft tirer un long cordage au
   fond de la mer , pour trouver & faifir par
   ce moyen un ancre &c. Dans cette vue on
   attache les deux bouts du cordage à deux
   chaloupes, qui rament à quelque diftance &
   vis-à-vis l'une de l'autre. Au milieu du
   cordage on attache deux boulets de canon,
   ou quelqu' autre poids, qui l'attire juf..
   qu'au fond. Les chaloupes à la rame tra+

bientôt la fatisfaction de la faifir. Nous le remontâmes même jufques à la furface de l'eau ; mais dans le moment où nous allions la reprendre dans le vaiffeau, le cordage gliffa, & nous la vîmes retomber dans l'abime. Ce malheur ne nous découragea point : nous draguames une feconde fois ; & ayant eu le bonheur de la faifir encore, nous la remontames heureufement à bord. Charmés de ce bon fuccès nous remimes incontinent à la voile.

Le même jour, nous eûmes le malheur de donner au milieu de bas fonds, où notre naufrage aurait été inévitable, fi l'ancre que nous jettâmes en grand hâte n'avait mordu immédiatement. Tout alentour il y avait des bancs vers lefquels le vent & les flots nous pouffaient également ; mais par bonheur qu'à l'endroit où le vaiffeau était amarré, le fond fe trouvait

----

ment le cordage dans le fond de la mer, & de cette façon il fe prend à l'ancre que l'on releve auffi-tôt.

encore de fix braffes. A une petite diftance de là, on ne trouvait plus que deux
braffes. Nos vies, ainfi que le fort du
vaiffeau, dépendaient de l'ancre que nous
avions jettée fi elle n'eut d'abord mordu,
ou fi elle avait cedé aux efforts du vent &
du courant, qui allaient nous entraîner,
nous étions perdus fans reffource. Cependant cela n'arriva pas, & nous reftâmes
dans cet endroit, jufqu'à ce qu'on eut re-
connu les environs par la fonde, & trouvé le cours que le vaiffeau devait tenir
pour fortir de ce labyrinthe de bancs de
fable. Nous en fûmes donc quittes cette
fois pour un peu d'angoiffes.

Trois jours après, nous découvrimes
la côte méridionale de la Nouvelle-Guinée.
Mais quoique nous n'en fuffions qu'à
quatre lieues marines, nous pouvions à
peine la diftinguer, à caufe de fon peu d'é-
lévation. Cependant elle paraiffait bien
couverte de bois. Nous vîmes de la fumée en plufieurs endroits, & nous pume»

en conclure avec certitude que cette côte devait être habitée. Un grand banc de vase, qui s'étendoit fans interruption à l'Oueft entre nous & la terre , nous en interdit abfolument l'approche malgré nos tentatives réitérées à cet effet, & l'envie très-forte que nous avions d'en approcher. Après avoir ainfi paffé fix jours inutilement dans ces environs, nous nous laffâmes à la fin de négliger la mouffon du Sud qui devait nous conduire à Batavia, d'autant plus que, d'après la faifon , elle ne pouvait durer encore bien long-tems. Nous réfolûmes donc de nous approcher des côtes, tant que nous pourrions ; d'aller enfuite à terre dans la pinaffe, & d'ordonner au vaiffeau , tandis que nous éxaminerions les productions naturelles & les habitans de cette contrée, de croifer dans les environs jufqu'à notre retour.

Un fouffle léger nous apportait cependant les odeurs les plus délicieufes qu' exhalaient les arbres, les arbuftes & les plantes de cette contrée, & ne faifait qu' augmenter notre défir d'y arriver. Nous en approchâmes autant que nous le pûmes, c'eft à dire, à trois lieues marines. Alors nous fimes mettre le vaiffeau en panne, & la pinaffe en mer; & j'y defcendis avec Mrs. Banks & Solander, & neuf de nos gens, tous bien armés. C'eft ainfi que nous ramâmes vers le rivage.

Quand nous en fumes à cent toifes de diftance, l'eau fe trouva fi baffe, que la pinaffe ne put plus avancer. Nous fumes donc obligés, pour ne pas nous en retourner fans avoir rien fait, de marcher dans l'eau de là jufqu'à terre. Nous p îmes ce parti, laiffant deux matelots pour garder la chaloupe.

Dès que nous eûmes mis le pied fur le rivage, nous apperçumes des traces d'hommes tout auprès de la mer, dans le fable que le reflux avoit laiffé à fec. Il fallait donc que ceux dont elles venaient, euffent été dans ces lieux peu de tems auparavant. Le pays y était couvert d'une forêt épaisse, qui s'étendait jusqu'à la portée de fusil du lieu de notre abordage. La prudence voulait donc que nous nous tinssions sur nos gardes, afin de ne pas tomber dans une embuscade, & pour conserver une retraite assurée vers la chaloupe. Dans cette vue, nous longeâmes la lisière du bois, vers un bosquet de cocotiers, qui ombrageait les bords d'un petit ruisseau, dont l'eau nous parut salée. Les arbres n'en étaient pas grands, mais chargés de fruits, & il y avait sous leur feuillage une cabane ou un abri couvert de feuilles, dont cependant la plupart étaient déjà tombées. Autour de la cabane, on voyait quantité de coques de ces noix éparses, & quelques-unes semblaient fraîches comme si elles venaient à l'instant même de tomber de l'arbre. Nos regards, animés par le défir, s'attachaient à ces belles noix: mais il n'eut pas été prudent de grimper sur les arbres, parceque nou devions nous attendre à tout moment à une furprife : ainfi il nous fallut furmonter notre envie & abandonner cet endroit, fans avoir goûté un feul cocos. Ah que nous nous trouvâmes bien, cette fois, d'avoir appris à vaincre nos défirs !

Non loin de-là, nous trouvâmes des platanes & un arbre à pain; mais celui-ci ne portait pas alors de fruits. Tandis que nous nous éloignions ainfi de plus en plus de notre chaloupe, trois Indiens fortirent tout à coup du bois, avec des cris effroyables, & vinrent vers nous en courant. Le premier lanca fans s'arrêter, quelque chofe de la main, qui vola de côté en brûlant exactement comme de la poudre, mais fans exploûon. Les deux autres lancerent en même tems leurs dards contre nous. Il nous parut alors qu'il n'y avait pas de tems à perdre pour nous défendre; nous tirâmes donc contre eux à dragée. Mais apparemment que la charge ne porta pas jufqu'à eux, car quoiqu'ils s'ar-

rêtaffent un peu, ils ne reculerent pas ;
au contraire, ils nous lancerent un troifieme javelot. Là-deffus nous crûmes que
l'effufion de fang, paraiffant inévitable, on
pouvait la diminuer au moins, en ne fouf-
frant pas qu'ils approchaffent davantage.
Nous chargeâmes donc nos fufils à balle,
& nous fîmes fur eux une feconde décharge. Vraifemblablement cette fois, il y
en eut une couple de bleffés ; mais je me
flatte pourtant qu'ils ne le furent pas
dangereufement ; d'autant plus qu' ils fe
mirent incontinent à fuir, & que nous
vîmes avec plaifir qu'ils couraient vite &
avec beaucoup d'agilité.

Il nous eut été fans doute fort agréable
de goûter des fruits du pays, & de fatisfaire notre curiofité par l'examen de les
habitans & de fes productions naturelles ;
mais je ne voulais acheter aucun de ces
avantages, par le fang des indigènes. Nous
retournâmes donc en hâte vers la chaloupe. En marchant dans ce deffein le

long de la côte, nous vîmes que les matelots reftés dans la chaloupe nous faifaient des fignes, pour nous avertir qu'on
voyait paraitre un plus grand nombre
d'Indiens; & avant que nous fuffions parvenus jufqu'à la mer , nous en apperçumes plufieurs qui fortaient de derrière une
pointe de terre, mais à une affez grande diftance de nous. Apparemment
qu'ils avaient rencontré nos trois fuyards,
& qu'ils avaient été prévenus par eux de
notre fupériorité: car dès qu'ils nous virent ils s'arrêterent , & parurent attendre
que le gros de leur troupe qui les fuivait,
fans doute, les eut joints. Quant à nous,
nous entrâmes fans délai dans l'eau, & la
traverfâmes pour regagner notre chaloupe.
Les Indiens reft rent à leur place.
· Dès que nous fûmes revenus à bord,
nous ramâmes vis à vis de l'endroit où
ils fe tenaient raffemblés en troupe. Leur
nombre s'était accru jufqu'à près de cent.
Nous les examinâmes quelque tems dans

cette fituation, & les trouvâmes tout-à-
fait femblables aux habitans.de la Nouvelle - Hollande. Leur taille était à peu
près la même ; & ils étaient tout nuds
comme eux. La couleur de leur peau
nous parut feulement un peu moins brune,
ce qui provenait peut-être de ce qu'ils
n'étaient pas tout-à-fait auffi fâles.

Tandis que nous les regardions ainfi,
ils nous défiaient fans ceffe au combat,
avec des cris continuels. En même tems
il y en avait toujours quatre à cinq, qui
brûlaient leur feu. Ce que ce peut être
que ce feu, & à quoi ces décharges doivent fervir, c'eft ce que nous ne pûmes
concevoir. Ils tenaient un petit bâton à
la main; peut-être etait-ce une canne
creufe: ils la tournaient trois ou quatre
fois en cercle, & alors on en voyait fortir tout à coup du feu & de la fumée;
l'un & l'autre tout comme quand on lâche
un coup de fufil; & même cela fe faifait
en auffi peu de tems. Vu du vaiffeau, ce

fpectacle fingulier avait produit une illu-
fion fi grande, que chacun y avait cru que
les Indiens, fe fervaient d'armes à feu, &
qu'ils en faifaient un feu de pelotons.
Après les avoir ainfi regardés quelque
tems, fans nous foucier de leurs cris &
de leur foudre, nous leur tirâmes quelques coups de fufil par deffus la tête.
L'éclat des coups & le cliquetis des balles
contre les arbres firent leur effet; ils en
furent effrayés, & fe retirerent.

Les armes qu'ils avaient lancées contre
nous, étaient une efpace de javelots légers. Ils étaient faits de cannes, avec
une pointe de bois dur, bien pourvue de
crochets. Ils les jettaient avec une force
admirable; car quoique nous fuffions à
trente toifes de diftance, ces javelots vo-
laient plus loin & tombaient derrière
nous.

De retour au vaiffeau, je fis remonter
la chaloupe, & cingler vers l'Oueft; car
je n'avais nullement envie de perdre da-

vantage mon tems fur cette côte. La plus grande partie de l'équipage reffentit une très-grande joie de cette réfolution : mais je fuis faché d'être obligé d'ajouter, que quelques-uns de mes Officiers me prefferent avec inftances d'envoyer un parti à terre pour faire couper les cocotiers, afin de s'emparer des fruits. Cette propofition effuya un refus tout net de ma part, parcequ'un pareil procédé me paraiffait injufte & cruel. Les naturels du pays nous avaient affez témoigné leurs inclinations guerrières ; & ils avaient déjà trouvé fort mauvais que nous euffions abordé fur leur territoire : on pouvait par conféquent bien prévoir, qu'ils auraient fait tous leurs ef- forts pour défendre leur propriété, fi nous avions voulu la leur ravir, ce qui par conféquent n'aurait pu fe faire fans effufion de fang. Je crus donc — (& j'efpère que chacun de mes lecteurs, pour peu qu'il ait d'humanité. applaudira fur ce point à ma conduite) qu'il ferait très-cruel

& très-criminel , de mettre en danger la vie d'un grand nombre d'hommes pour me procurer quelques noix de cocos, qui tout au plus nous auraient fait éprouver pendant quelques inftans une fenfation agréable. Ces confidérations puiffantes l'emporterent dans mon efprit , & nous continuâmes notre navigation, fans tirer de ce pays les moindres rafraîchiffemens.

29.

Trajet de la Nouvelle- Guinée à l'île de Savu. Particularités fur le féjour que nous y fîmes.

Depuis le 3 Septembre, jour auquel nous remîmes à la voile, jufqu'au 17 , il ne fe paffa rien d'affez remarquable pour être rapporté ici. Nous apperçumes plufieurs isles tant connues qu'inconnues ; mais ne jugeant point à propos de m'arrêter à aucune, mes lecteurs apparemment me verront avec plaisir paſſer ſous ſilence les petites particularités que nous avons pu y remarquer, pour les conduire ſans retard à des ſcénes plus intéreſſantes.

Le 17, contre notre attente, nous découvrîmes encore une isle. Nous la regardâmes d'abord comme une nouvelle découverte, mais nous trouvames enſuite que c'était l'isle déja connue de Savu. En nous en approchant nous y apperçûmes des maiſons & des cocotiers, & nous fûmes très-agréablement ſurpris à la vue de troupeaux entiers de brébis qui paiſſaient. Quelle tentation pour des gens comme nous, qui avions dû nous paſſer depuis ſi long-tems de toute nourriture fraîche ! D'ailleurs nous avions beaucoup de malades à bord. Nous reſolûmes donc de mouiller dans cet endroit, & d'eſſayer de nous procurer quelques vivres. Nous mîmes la pinaſſe à la mer, & Mr. Gore notre Second-lieutenant, fut envoyé pour chercher un ancrage commode.

Après qu'il fut parti, nous vîmes de notre bord deux hommes à cheval, qui paraissaient se promener, & qui s'arrêtaient souvent pour considérer le vaisseau. Ces circonstances nous firent juger, que nous étions près d'un pays où il y avait un établissement d'Européens. Mr. Gore aborda cependant à une petite baie, sur le rivage de laquelle il y avait des habitations. Nous vîmes venir au devant de lui, huit à dix naturels, qui ressemblaient par leur figure & leur habillement à des Malais. Ils ne portaient d'autre arme que des couteaux, que ce peuple porte toujours attachés à la ceinture. Ils invitèrent Mr. Gore à venir à terre, & s'entretinrent long-tems avec lui par signes; mais les deux parties ne savaient pas trop ce que chacun voulait à l'autre.

Mr. Gore revint avec la nouvelle désagréable, qu'il n'avait pu trouver d'an

crage pour le vaiſſeau. Je l'envoyai néan
moins une ſeconde fois du même côté, &
lui donnai de l'argent & des marchandiſes; afin de voir s'il pourrait échanger
quelques rafraîchiſſemens pour nos malades. Mr. Solander l'accompagna. Je
croiſai en attendant avec le vaiſſeau dans
ces environs; & nous vîmes, avant que
le canot fût parvenu au rivage, deux
autres cavaliers, dont l'un avait un habit
bleu, une veſte blanche & un chapeau
bordé, & dont l'habillement était par
conſéquent tout-à-fait Européen. Ils ne
paraiſſaient faire aucune attention à la
chaloupe: ils trottaient ça & là, & toute
leur attention paroiſſait dirigée vers le
vaiſſeau. Dans le même tems nos gens
aborderent, & nous vimes quelques cavaliers & beaucoup de piètons ſe raſſembler
autour d'eux. Peu après, nous les vimes
apporter des noix de cocos vers la chaloupe, & cette vue nous fit un plaiſir extrême; nous en conclûmes qu'il s'étai

établi

établi un commerce paifible & amical entre eux.

Après que nos gens eurent paffé environ un heure & demi à terre, ils nous
firent fignal qu'il y avait une baie, où le
vaiffeau pourrait fe mettre à l'ancre, dans
une certaine direction qu'ils nous indi-
querent. Nous y allâmes donc fans retard ; la chaloupe nous y fuivit & revint
bientôt à bord.

Le lieutenant me fit le rapport fuivant.
Il avait trouvé, me dit-il, quelques-uns
des principaux perfonnages du pays, vê-
tus de toile fine & portant des chaînes
d'or au cou. Il n'avait rien pu acheter,
parceque le propriétaire des cocotiers ne
s'était pas trouvé chez lui ; mais que cependant on lui avait donné environ deux
douzaines de noix en préfent, & accepté
en revanche quelque toile de fa main. Il
me rapporta encore la manière dont ces
gens s'y étaient pris, pour le mettre au
fait touchant un port dont il s'était in-

formé auprès d'eux. Ils avaient tracé à
cet effet une carte fur le fable, & y a-
vaient marqué affez groffièrement, mais
pourtant d'une manière intelligible, un
port avec une ville auprès. Ils lui a-
vaient auffi fait entendre, que dans cette
ville il trouverait des brebis, des cochons,
de la volaille & des fruits en abondance.
En même tems, ils avaient répété à diverfes reprifes le mot de *Portugais*; ce
qui nous fit juger, qu'il y avait là quelque établiffement Portugais.

A fept heures du foir, nous arrivâmes
à la baie en queftion, où nous mouillâmes. Nous vîmes auffi effectivement fur
le rivage un grand village indien, fur quoi
nous arborâmes un petit pavillon, pour
en faluer les habitans. Peu de tems après,
on arbora auffi dans le village, ou, fi
l'on veut, dans la ville, des pavillons,
qu'à notre grande furprife nous reconnûmes être Hollandais.

Au point du jour, nous apperçumes des pavillons pareils arborés fur le rivage vis-à-vis du vaiſſeau. Jugeant par-là que les Hollandais avaient un établiſſement en ces lieux, j'envoyai un officier rendre ſes devoirs au gouverneur ou à telle aütre perſonne qui commandait en ce lieu, & lui déclarer qui nous étions, & ce que nous y cherchions. Cet officier trouva, à l'endroit où il vint aborder, une garde de vingt à trente Indiens armés de mouſquets, qui le reçurent & le conduiſirent à la ville. Dès qu'ils y furent arrivés, on le préſenta au Raja ou Roi de l'île, auquel il fit ſon rapport par la bouche d'un interprête Portugais. Le Rajà répondit, qu'il était prêt à nous fournir tout ce ſont nous avions beſoin, mais qu' étant en alliance avec la Compagnie des Indes hollandaiſe, il ne pouvait faire de commerce avec un autre peuple, avant d'en avoir reçu la permiſſion de la dite Compagnie; qu'il allait la demander à un Hollandais employé à son service, & qui était le seul blanc qui se trouvât dans toute l'île.

On expédia donc incontinent une lettre à cet homme, qui demeurait à quelque distance de la ville, par laquelle on lui mandait notre arrivée, & ce que nous désirions. L'officier m'envoya en même tems un message, pour me donner avis de l'état des choses. Au bout de quelques heures, le Résident hollandais vint lui-même, repondre de bouche à la lettre qu'on lui avait expediée; & on apprit alors qu'il était né Saxon, & se nommait Jean-Christophe Lange. Nous aprîmes aussi que c'était la même personne que nous avions vû à cheval en habit européen, lors de notre arrivée. Il se comporta très-poliment envers Mr. Gore, l'officier que j'avais envoyé à terre, & il l'assura que nous serions entièrement libres, d'acheter ce que nous voudrions & ce dont nous aurions besoin. Là-desfus il témoigna de l'envie de fe rendre à notre bord ; & le Raja ainfi que plufieurs perfonnes de fa cour exprimerent le même défir. Mr. Gore y confentit volontiers, & fur ce qu'on défira qu'il laiffât deux de nos gens en ôtage à terre, il leur accorda également cette demande fans héfiter.

A deux heures ils arriverent tous enfemble au vaiffeau, & pour leur faire honneur, je fis mettre les foldats des marines fous les armes fur le tillac. Notre dîné étant prêt, ils eurent la complaifance de s'y mettre avec nous. Le Roi feul fembla un peu embarraffé, comme s'il ne favait pas bien ce que tout cela fignifiait : à la fin il dit avec quelque confufion, qu'il avait peine à croire que nous voulufîons lui permettre de fe mettre à table avec nous, étant blancs, & lui d'une autre couleur. Ce trait peut faire juger à quel dégré d'infolence on doit avoir accoutumé peu à peu les habitans de cette partie du monde, qui se sont mis dans la dépendance des Européens. Nous lui fîmes passer cette appréhension d'une maniere obligeante, & alors nous nous mîmes tous très gaîment & avec beaucoup de confiance réciproque à table. Heureusement nous n'eumes pas lieu d'être en peine pour nous procurer des interprêtes. car deux de mes compagnons de voyage savaient assez de Hollandais pour soutenir une conversation avec Mr. Lange, & plusieurs de nos matelots étaient à même de parler à ceux qui entendaient le Portugais.

Notre repas consistait alors en mouton, & le Raja en prit occasion de demander un mouton d'Angleterre. Quoique nous n'en eussions plus qu'un seul. nous le lui cédâmes. Cette facilité de notre part lui inspira encore plus de confiance, & il donna à entendre, qu'un chien anglais lui ferait grand plaisir. Mr. Banks eut la politesse de lui ceder sa levrette. Ce fut alors le tour de Mr. Lange. Il protefta qu'une lunette d'approche lui feroit une chofe fort utile, & qu'il fouhaitait fort d'en avoir une. Ce defir fut encore fatisfait à l'inftant.

Alors nos convives commencerent à nous raconter quelle abondance de büffles, de cochons, de moutons & de volaille il y avait dans l'île, & que dès le lendemain matin on en conduirait une grande quantité fur le rivage. Cette promefle nous dilata le cœur à tous, & de joie nous choquâmes les verres presque plus que ne pouvaient le fupporter ni l'Indien ni le Saxon. Cependant ils eurent eux-mêmes affez de raifon pour fonger au départ avant d'être tout-à-fait ivres. Quand ils fe retirerent, je fis encore ranger mes marins en parade, & le Raja temoignant le défir de voir un échantillon de nos exercices militaires; je voulus bien leur faire faire une triple falve générale. Il regarda le tout avec une grande attention, & té-

moigna beaucoup d'étonnement de la
promtitude & de la régularité avec laquelle tout cela s'éxécutait, & furtout
de ce qu'ils favaient apprêter leurs armes
fi vîte & tous à la fois. La première fois
qu'ils firent cette manœuvre, il fut tout
ftupéfait, & fe mit à crier tout haut, en
frappant de la canne qu'il tenait à la main
contre le bord du vaiffeau. Cette cérémonie étant terminée, nous les renvoyâmes avec de riches préfens, & nous les
faluâmes au départ de neuf coups de canon.
De leur côté, ils nous remercierent par un
triple cri de joie. Mrs. Banks & Solander fe rendirent avec eux à la ville.

Cet endroit eft affez confidérable par le
nombre de maifons qu'il contient: mais
ces maifons en général ne confiftent qu'en
un toit, repofant fur des poteaux de quatre
pieds de haut, par deffus un terrain quarré & couvert de planches. On régala nos
voyageurs de vin de palmier qu'on fait en
ces lieux. Mais cette liqueur n'eft que le

fuc doux & non fermenté, qui découle des palmiers, & elle n'a pas un mauvais goût. Vers le foir, nos gens revinrent à bord.

Le lendemain, moi-même, accompagné de plufieurs de mes compagnons de voyage, j'allai à terre, rendre la vifite au Roi, mais en effet pour acheter les buffles & les moutons, qu'on nous avait promis la veille, de faire conduire en grand nombre fur le rivage. Cependant, à notre grand regret, nous trouvâmes qu'on n'avait encore pris aucun arrangement pour cela. Nous allâmes donc à la maifon d'affemblée ou de ville, bâtie, ainfi que deux ou trois autres, par ordre de la Compagnie des Indes hollandaife. Ces maifons ne fe diftinguent que par deux pieces de bois courbées en forme de cornes de vache & qu'on a placées aux deux bouts du toît, de manière à le dépaffer. Mes jeunes lecteurs auront vu fans doute un ornement femblable, aux chaumières des payfans en Allemagne.

M 5

Dans cette maison d'assemblée, nous trouvames Mr. Lange, ainsi que le Raja qui avait
autour de lui un grand nombre des principaux personnages de sa cour. Nous leur
déclarâmes que nous avions apporté plusieurs marchandises dans notre chaloupe, &
que nous désirions qu'on nous permît de
les débarquer pour les échanger contre des
vivres. Le premier point fut accordé tout
de suite, & nous commençâmes à traiter du
prix en argent que nous devions payer pour
chaque article, tels que buffles, moutons
porcs &c. Mais dès qu'il fut question de
cette matière Mr. Lange se retira, & dit
en prenant congé, qu'il fallait nous arranger
sur ce point avec les indigènes; qu'il avait
à repondre à un lettre du gouverneur hollandais de Timor, dont il nous communi-
queroit le contenu à son retour.

Cependant midi approchait; nous avions
faim, & nullement envie de retourner aux
mets secs, salés & gâtés que nous avions à
bord, tandisque nous avions devant les

yeux tant de provifions fraîches, qui nous paraiffaient autant de délicateffes. Nous demandâmes donc la permiffion au Roi, d'acheter un petit cochon & un peu de ris; & de faire préparer l'un & l'autre par fes fujets. Il nous répondit de la manière la plus gracieufe, que fi nous pouvions manger des mets préparés par fes fujets, ce qu'à peine il ofait croire, il fe donnerai lui-même l'honneur de nous régaler. Nous acceptâmes cette invitation de Sa Majefté avec reconnaiffance, & nous envoyâmes incontinent une chaloupe à bord, chercher quelques bouteilles de vin.

A cinq heures, le repas fut prêt. Il fut fervi dans trente-fix petits plats ou plûtôt corbeilles, où il y avait alternativement du ris & de la chair de porc; mais chacun de ces mêts feparément. On fervit encore trois grandes jâttes à foupe, pleines de pur bouillon de porc. Tout cela fut placé fur le plancher; & l'on étendit des nattes alentour, fur lesquelles nous devions nous affeoir ou plutôt nous coucher. Mais auparavant on nous fit laver les mains; pour cet effet nous fûmes conduits à une ouverture du veſtibule où un indigène nous verſa de l'eau d'un vaſe fait de feuilles du palmier - éventail. Nous nous aſſimes enſuite autour des; plats, & attendimes le Roi. Mais il ne parut point: & en ayant demandé la raiſon, on nous répondit que l'uſage du pays ne permettait pas à celui qui donnait un repas d'y aſſiſter avec les convives; mais que ſi nous craignions que les mets fuſſent empoiſonnés, il viendrait les goûter. Nous aſſurâmes que nous étions bien éloignés d'une crainte parcille, & priâmes qu'on ne s'écartât pas pour nous des uſages reçus.

Au défaut du Roi, ſon premier miniſtre & Mr. Lange dînerent avec nous, & nous mangeames de très bon appétit. Le porc & le ris étaient également excellens; le bouillon même avait ſon prix. Les cuilleres qu'on nous donna étaient faites de feuilles d'arbre ; mais fi petites, que la plupart d'entre nous n'eurent pas la patience de s'en fervir. Le repas fini, on fe mit-à boire à coups redoublés, mais notre hôte royal refufa auffi d'y prendre part. Car, dit-il, dans un repas, l'hôte furtout doit fe garder de s'enivrer ; & il n'y a pas de meilleur moyen d'éviter cela, que de ne pas goûter de liqueur [énivrante. Une fageffe & une fobriété pareilles dans un potentat à demi-fauvage, ne nous infpirerent pas peu d'admiration.

Dès qu'il fut queftion de boire, nous paffâmes dans un autre endroit afin de laiffer en liberté les matelots & les valets ; car les reftes du repas étaient deftinés pour eux. Ils fe mirent donc à nos places : mais la fête avait-été ordonnée avec une telle profufion, qu'ils ne purent confumer ce que nous leur avions laiffé. On les preffa en conféquence d'emporter le refte.

Quant à nous, nous avions cependant toujours le verre à la main ; & je l'avoue,

ce n'était pas fans deſſein de ma part. Le
vin réjouit le cœur de l'homme, & le rend
plus accommodant. J'eſpérais donc, par
ſon moyen, venir à bout d'un projet qui
m'importait beaucoup; & dès que je crus
le moment favorable, je tournai in-
ſenſiblement la converſation ſur les moutons & les buffles, dont, pendant tout ce
tems-là, on n'avoit pas dit une ſyllabe;
Mais toute ma politique fut déjouée. Nc-
tre Hollandais-Saxon reprit d'abord ſon ſé-
rieux, & commença à nous faire part des
lettres qu'il prétendait avoir reçues du gouverneur de Timor. Elles portaient qu'on
ne devait pas nous permettre de reſter plus
long-tems dans l'île, que ne l'éxigerait la
néceſſité la plus urgente; & qu'on devait
nous empêcher auſſi de donner à aucun naturel quelconque des effets de plus grand
prix, que des grains de verre ou autres bagatelles pareilles. Nous jugeâmes tous
que cette lettre n'était qu'une invention,
qui n'avait d'autre but que de nous mettre

dans la néceſſité, de gagner Mr. le Réſident à prix d'argent, afin qu'il ne fût pas ſi éxact, & qu'il voulût bien fermer un peu les yeux.

Durant cette négociation, qui nous cauſait beaucoup de chagrin, on vint m'annoncer, du marché, qu'il n'y avait ni buffle ni cochon, qu'on n'y avait conduit qu'un petit nombre de moutons, mais qu'on les avait déjà amenés, avant que nos gens, qui avaient couru à bord chercher de l'argent, euſſent pu revenir. On n'avait pu acheter que quelque volaille, & une bonne proviſion d'un ſyrop fait de ſuc de palmier.

Nous preſſâmes alors Mr. Lange de s'expliquer pourquoi on nous avait donné de ſi grandes eſpérances, tandis que maintenant on n'en réaliſait aucune? Son excuſe fut, que ſi nous étions allés nous-mêmes au marché, nous aurions pu acheter, ce que nous aurions voulu, mais que les naturels craignaient de prendre de l'argent de nos gens, de peur qu'on ne leur donnât de la fauſſe monnaye,

Quelque abſurde que fut cette défaite, je ne voulus rien négliger, de mon côté, pour parvenir à mon but; je me levai donc incontinent pour aller au rivage. Mais il n'y avait ni bêtes à cornes, ni moutons; il n'y avait pas même de bêtail dans les environs, pour en conduire au marché. Cependant le Raja nous avait fait une promeſſe, qui avait le plus grand air de ſincérité: Il nous dit que le retard ne provenait, que de ce que les buffles avaient été conduits au loin dans les terres, & qu'on n'avait encore pu les en ramener: mais que le lendemain ils arriveraient ſans faute.

Nous mîmes donc notre eſpérance au lendemain & dès que le jour parut, nous nous rendîmes encore à terre. Le Docteur Solander alla à la ville, pour parler à Mr. Lange: quant à moi, je demeurai ſur le rivage pour voir ce qu'on apporterait ce jour-là au marché. J'y trouvai un vieux Indien, qui paraiſſait avoir quelque credit auprès du peuple, & auquel, pour cette raiſon, nous avions

donné entre nous le fobriquet de premier
miniftre du Roi. Je fouhaitais de me concilier l'amitié de cet homme, & à cet effet je
lui fis préfent d'une lunette d'approche. Peu
après, on conduifit un feul petit buffle au
marché, & j'en demandai le prix? On me
repondit: cinq guinées! C'était bien le
triple de la valeur de l'animal. Cependant,
pour entamer quelque commerce, j'en offris
trois. L'homme qui m'en propofait l'achat,
trouvait que c'était un très-bon prix: on lifait cela fur fa phyfionomie. Il me dit pourtant qu'avant d'ofer conclurre le marché, il
fallait qu'il envoyât un meffager au Raja.
Cela fe fit; & le meffager revint avec la ré-
ponfe, que cet animal ne pouvait fe vendre à
moins de cinq guinées.

Mais je n'en étais point encore au terme
du chagrin que cette affaire devait me caufer.
Car en jettant les yeux fur une foule d'Indiens, que je voyais venir de la ville, j'ap-
perçus à ma grande furprife Mr. Solander,
accompagné comme un prifonnier de plus

de cent hommes, tous armés de fufils & de
lances. Je m'informai immédiatement du
motif de cette étrange proceffion, & Mr. Solander me donna l'éclairciffement que voici:
,,Lange lui avoit expliqué une déclaration du
Roi, portant, que fes fujets ne voulaient
point avoir affaire avec nous, parce que nous
ne leur offrions que la moitié du prix pour
leurs marchandifes, que d'ailleurs on ne
nous permettrait pas de faire le commerce
plus long-tems que ce jour même, diffions-
nous offrir enfuite tout ce qu'on voudrait.''
A la tête de ce corps d'Indiens, fe trouvait
un homme né à Timor de parens portugais, & qui était une efpece de collégue du
facteur hollandais. Celui-ci me répéta ce
que le Docteur Solander venait de me dire.

Nous étions tous convaincus, que ce
nouvel arrangement n'était qu'une nouvelle rufe de l'honnête Mr. Lange, pour
nous extorquer de l'argent. Mais tandis
que nous nous tenions là, irrefolus, & ne fâ-
chant trop quel parti prendre, le Portugais

rut parvenir plutôt à fon bût, & nous mettre dans un plus grand embarras, en faifant le méchant. Il commença donc à repouffer & à chaffer véritablement les gens qui avaient apporté du firop & des volailles, ainfi que d'autres qui arrivaient avec des buffles & des moutons. Dans ce moment je jettai les yeux fur le vieillard auquel j'avais donné la lunette d'approche, & croyant lire fur fon vifage l'expreffion manifefte de fon mécontentement fur ce qui fe paffait à notre égard; je le pris par la main, & lui fis préfent d'une vieille épée de foldat. Cela nous tira tout d'un coup de tout embarras. Transporté de joie d'avoir reçu cette épée, & comme hors de lui-même, il la paffa deux ou trois fois fur la tête de l'affairé portugais, & le mis par-là hors de toute contenance. Il lui ordonna enfuite, ainfi qu'aux autres commandans de ce détachement, de s'affeoir à terre derrière lui; fur quoi le portugais fe mit à ramper devant lui, comme ferait un renard devant un lion, sans ofer feulement lui faire la moindre réprésentation. Les indigènes, qui dès le commencement ne nous avaient été rien moins que contraires, profiterent à l'inftant de l'avantage que leur avait procuré le vieux premier miniftre: & incontinent le marché fe trouva plein. Alors le commerce était libre, nous achetâmes la plupart des buffles, piece par piece, pour un fufil, & nous aurions pu à la fin en avoir toute une charge à ce prix. Voyez quel effet peut produire le don d'une vieille épée de foldat, fait à propos!

Les rafraîchiffemens que nous nous procurâmes dans ce lieu, furent neuf buffles, fix moutons, trois cochons, trente douzaines de volailles, quelques limons & noix de cocos, quantité d'œufs, mais dont la moitié étaient gâtés, un peu d'ail, & plufieurs centaines de gallons (méſure anglaiſe qui équivaut à quatre pintes) de ſyrop de palmier.

30.

Deſcription de cette île, de ſes productions naturelles, & de ſes habitans.

Cette île, peu connue jusqu'alors, a environ huit lieues marines de long, de l'Eſt à l'Oueſt. Quant à ſa largeur, je ne ſaurais la déterminer, n'en ayant vu que le côté ſeptentrional. La côte en eſt baſſe; mais vers le milieu de l'île, on voit dominer de hautes montagnes. Nous y arrivâmes préciſément vers la fin de la ſaiſon ſeche, & il y avoit ſept mois qu'il n'y avoit plu: néanmoins on ne peut concevoir rien de plus riant ni de plus agréable que l'aſpect de ce pays vu de notre bord. La plaine du rivage étoit couverte de cocotiers & de l'eſpece de palmier nommée *Areca*; plusloin, on voyait s'élever de montagnes couvertes jusqu'au sommet de palmiers - éventails. Dans la saison fraiche, où tout le terrein, & même les moindres petites places entre les aibres sont révétus d'une verdure variée, comme de mays, de millet, d'indigo; ce pays doit-être d'un charme raviffant.

Outre les plantes que je viens de nommer, cette île produit encore du ris, des melons d'eau, des cannes à fucre, du felleri, de la marjolaine, du fenouil, & de l'ail, & pour le luxe du betel, des noix d'areca, du tabac, du coton, de l'indigo & un peu de canelle. Je paffe fous filence quelques autres fruits, dont je ne pourrais point donner à mes lecteurs une defcription bien claire.

Les animaux qu'on y éleve en quantité, font des buffles, des moutons, des chévres, des corhons, de la volaille, des chevaux, des chiens & des chats. Les buffles different à plufeurs égards de nos bêtes à cornes. Par exemple: ils ont les oreilles beaucoup plus grandes; ils n'on presque point de poil; leurs cornes font recourbées l'une contre l'autre, & inclinées en arrière dès la racine; & ils n'ont point non plus de fanons au cou. Nous en vimes plufieus qui ne le cédaient point, en grandeur, à un bœuf d'Europe de la grande taille; cependant il faut qu'il y en ait de plus grands encore, car Mr. Banks vit une paire de cornes, dont les extrêmités étaient à près de quatre pieds de diftance. Au refte, nous les trouvâmes extrêmement maigres, apparemment à caufe de la longue féchereffe.

Les chevaux du pays font petits, mais vifs & agiles, furtout au trot, qui eft leur allure ordinaire. Les naturels les montent communément à cru, & ils n'ont qu'une corde pour bride. Les moutons ont des foies au lieu de laine, les oreilles fort longues, qui leur pendent fous les cornes, & le nez en forme de voûte. Avec cette configuration, ils reſſemblent plus à des chevres qu'à nos moutons d'Europe. La chair en eſt également maigre, & de plus d'un goût auſſi chétif, que quelle viande que nos ayons jamais mangée. Les cochons étaient d'autant plus gras, quoiqu'on nous ait dit, qu'on ne les avait presque nourris que de gouſſes & de ſon de ris. Leur volaille ne conſiſte guere qu'en oiſeaux ſauvages : elle eſt grande, mais elle ne pond que de petits œufs.

Quant aux poiſſons, que la mer fournit dans cette île, nous n'en ſaurions dire grand choſe. Quelque-fois on trouve des tortues ſur la côte, qu'on y régarde ainſi que partout ailleurs comme une délicateſſe.

Les indigènes en général ſont de petite taille plutôt que grands ; ſur tout les femmes, qui ſont extraoidinairement petites, mais répletes. Leur couleur naturelle eſt d'un brun foncé, mais ils ont tous ſans exceptions les cheveux noirs & liſſes. Les hommes en général ſont bien faits, forts & actifs,

&

& il regne une grande diverſité dans leurs traits : tandis que les femmes ſe reſſemblent preſque toutes. D'où cela peut-il provenir? C'eſt apparemment parceque dans les occupations, & dans tout le genre de vie des hommes, & par conſéquent auſſi dans leurs ſenſations, il regne une plus grande diverſité, que chez les femmes. Et nous ſavons que l'ame, par les ſenſatʼons que lui ſont habituelles, contribue beaucoup à la conformation des traits.

Les hommes portent les cheveux attachés au moyen d'un peigne au ſommet de la tête. Les femmes les poɪtent liés par derrière en bouquet, & cette mode leur va fort mal. Les premiers ont l'uſage de s'arracher les poils de la barbe. Les gens de condition portent à cet effet toujours de petites pincettes d'argent pendues à leur cou. Quelques-uns conſervent une petite touffe de poils ſous le nez, en forme de petite mouſtache retrouſſée ; mais ils les coupent pourtant toujours très-courts.

N

Les deux fexes font toujours habillés d'un étoffe de cotton bleue. Ils la fabriquent eux-mêmes ; & deux pieces, chacune d'environ fix pieds de long fur quatre de large, fuffifent pour un habillement complet. Ils portent l'une roulée autour des hanches, & l'autre de manière à couvrir le haut du corps. Les bras, les jambes & les pieds demeurent nuds en tout tems. La différence de l'habillement des deux fexes. confifte fur-tout dans la manière de porter le vêtement inférieur. Car tandisque les hommes lient le bord d'en bas de la piece ferme autour des jambes, en laiffant le bord fuperieur lâche, pour s'en fervir comme de poche ; les femmes attachent au contraire fortement le bord fupérieur, & laiffent tomber légérement l'autre fur les genoux comme une juppe. Les deux fexes fe diftinguent encore en ce que les femmes vont tête nue ; au lieu que les hommes fe l'enveloppent toujours d'un ornement en treffe, fait de l'étoffe la plus fine qu'ils puiffent trouver. Nous envîmes

quelques-uns qui y employaient des mou-
choirs de foie, d'autres une efpece d'indienne ou de mouffeline. Ils fe l'attachent autour de la tête, comme une efpece de turban.

Ce peuple prouve encore, que le goût de la
parure eft répandu par-tout, ainfi que le fentiment qui en eft la fource, favoir la vanité :
car is portent auffi quantité d'ornemens di
vers. Quelques-uns des plus diftingués
d'entre les habitans portaient une chaîne
d'or autour du cou ; mais qui au fond n'eft
qu'un filet de metal , incrufté d'or & par
conféquent léger & de peu de prix. D'autres portaient des bagues , mais fi ufées,
qu'elles paraiffaient être un héritage de leur
aïeux. Ils fe parent encore d'un bijou de
grains de verre , en forme de collier ou de
braffelets. Cette parure eft commune aux
deux fexes : mais les femmes fe diftinguent
en outre par une ceinture de ces mêmes
grains Les deux fexes ont les oreilles
percées ; mais durant tout notre féjour,
nous ne vîmes pas une feule perfonne qui

y portât des boucles. Le Raja & fon miniſtre
etaient les feuls qui fe diftinguaffent de tous
les autres, par un vêtement particulier, fait
comme une robe de chambre. Quelques
hommes portaient auffi des anneaux d'ivoire
au haut du bras de deux pouces de large &
de plus d'un pouce d'épaiffeur; & les perfonnes qui fe diftinguaient par cette parure
étaient ou des fils du Raja, ou des chefs.

C'eft une chofe fingulière & digne de re-
marque, que l'ufage des peuplades fauvages,
de fe marquer la peau par des traces inef-
façables, régne également dans cette contrée. Parmi les hommes, il n'y en avait
prefqu'aucun qui ne portât fon nom tracé
en letres noires, fur fon bras; & les femmes portaient un ornement pareil de lignes
noires, formant un quarré. D'où vient
que cet ufage fe trouve chez les fauvages de
toutes les parties du monde? C'eft une
queftion qui mériterait bien d'être profondement examinée.

Leurs maifons, ne confiftent qu'en un toît repofant ainfi que je l'ai dit, fur des poteaux. Leur grandeur dépend du rang & des facultés du propriétaire. Il y en a qui n'ont que vingt pieds de long, d'autres en ont près de quatre cens. L'interieur d'une maifon pareille, eft communément divifée en long en trois parties. La partie du milieu eft d'ordinaire entourée de quatre cloifons ; les deux autres font ouvertes, de manière à laiffer un libre paffage à l'air & à la lumière. L'appartement entouré de cloifons paroît deftiné aux femmes.

Tous les animaux domeftiques que nous venons de nommer comme produits par le pays, fans en excepter les chevaux, les chiens & les chats, fervent d'aliments aux naturels. Il n'y a que la chair de porc qu'ils préferent à celle de cheval, & ils ai- ment beaucoup mieux les chiens & les chats, que les moutons & les chevres. Quant aux poifons, il paroit qu'il n'y a que les pau- vres qui en faffent leur nourriture.

De toutes les plantes alimentaires du pays,
le palmier-éventail leur eſt la plus utile ; car
en de certains tems il forme l'unique nourriture des hommes & des beſtiaux. D'abord
ils en tirent une eſpece de vin, nommé
Toddi, en coupant les boutons des fleurs,
& recevant enſuite la ſeve qui en découle;
cette liqueur forme la boiſſon ordinaire de
tous les habitans de l'île. Quelque grande
qu'en ſoit cependant la conſommation, il
leur en reſte encore une proviſion conſidérable, dont ils font un ſyrop, qui étant cuit
leur fournit un ſucre groſſier. Nous trouvâmes ce ſyrop non ſeulement agréable au
gout, mais même ſalubre. Les indigènes
ent font une ſi grande quantité, qu'ils le donnent aux porcs en le mêlant d'écoſſes de ris,
ce qui les rend exceſſivement gras. Ils s'en
ſervent auſſi, dit-on, pour engraiſſer les
chiens & la volaille. On nous a même aſ-
ſurés, qu'il y a eu des tems où les indigènes, faute d'autres alimens, ont vécu des
mois entiers uniquement de ce ſyrop. On

ſe ſert encore des feuilles de ce palmier pour divers uſages. Non ſeulement ils en couvrent les maiſons ; mais ils en font auſſi des corbeilles , des gobelets, des paraſols & des pipes. Le fruit eſt ce qu'on en eſtime le moins ; auſſi ces arbres n'en por-tent-ils pas beaucoup, parce qu'on en coupe la plupart des fleurs, pour en tirer la ſeve. Au reſte, le fruit en eſt de la grandeur des navets connus en Angleterre ſous le nom de *Turrips*. Il eſt entouré, ainſi que la noix de cocos, d'une coque filamenteuſe, dans laquelle il y a trois noyaux qu'il faut manger avant qu'ils mûriſſent, faute de quoi ils deviennent trop durs pour être mâ-chés. C'eſt un fruit aqueux & peu nour-riſſant.

Il eſt rare qu'on y ſerve les mêts rotis ; on les fait bouillir preſque tous. Le dé-faut de bois à brûler a obligé les habitans de cette île d'inventer un moyen d'écono-mie, digne d'être imité dans d'autres pays, où il eſt tout auſſi rare. Voici ce que c'eſt.

Ils creusent un trou couvert & horizontal
en terre. que l'on pourrait également fort
bien pratiquer chez nous dans nos foyers.
Il a six pieds de long, une grande ouverture
d'un côté, & une petite de l'autre. On y
met le feu par l'une ; & l'autre sert de cheminée. Dans la couverture de ce trou on
en pratique de ronds, qui descendent jusqu'au feu, & c'est dans ceux-ci qu'on place
les pots, qui sont larges au milieu & étroits
par le fond,, de façon que le feu l'embrasse
tout autour. Chacun de ces pots contient
plus de trente chopines cependant il ne faut
qu'un feu très petit, pour causer une ébouil-
lition dans ces grands vases, pour le maintien
de laquelle on n'a besoin que d'attiser de
tems en tems le feu avec quelque feuille de
palmier ou un peu de bois. Un aussi petit
feu suffit même pour la coction du syrop &
du sucre, ce qui se fait dans le même trou.
Nous autres Européens, nous nous conten-
tons d'écouter ou de lire ces détails & de les
approuver ; mais sans les imiter. D'où

vient cela ? Seroit-ce parceque nous lifons tant de différentes chofes, & que nous n'avons pas le tems de mettre à profit ce que nous lifons ?

Paffons à quelque chofe qui ne mérite point qu'on l'imite. Les deux fexes fe livrent à la vilaine & dangereufe habitude de mâcher fans ceffe un certain mêlange de bétel, d'areca & de chaux de coquillages, fouvent même un peu de tabac. Cette vilaine coutume rend leur bouche tout à fait laide à voir, & leur haleine puante. Le bétel & la chaux rendent leur dents noires & friables, au point de les faire reffembler à du charbon. Perfonne n'ignore que la chaux attaque les os : & comme notre fucre rafiné en contient une grande quantité, on fent aifément, qu'il doit être également pernicieux pour les dents, ainfi que le démontre encore l'expérience. Si donc mes jeunes Lecteurs fouhaitent de conferver leurs dents blanches & faines, il faut qu'ils

conſentent à renoncer à un uſage trop fré-
quent du ſucre.

A l'exception du tems des repas, les naturels de cette île ne laiſſent paſſer aucun inſtant ſans mâcher de cette pâte de betel que
nous venons de décrire, ou ſans fumer du
tabac. Voici comment ils s'y prennent
pour fumer. Ils roulent une feuille de tabac
& le fourrent dans un tuyau d'environ ſix
pouces de long, fait d'un feuille de palmier
roulée. Ils en prennent un bout à la bouche, & allument l'autre. Mais comme il
n'y a que peu de tabac dans ces pipes, ils
en avalent la fumée, pour en renforcer l'effet, & cétte habitude ,eſt ſurtout en vo-
gue chez les femmes.

Mr. Lange nous a dit, que l'île contient
cinq principautés, ou, ſi l'on veut, cinq
royaumes: c'eſt-à-dire qu'il s'y trouve cinq
Rajas ou chefs, qui vivent entre eux, en
paix & en amitié, comme de bons alliés.
Ces inſulaires, à ce qu'il prétend, ſe ſont
toujours bien défendus contre leurs enne-

mis, & en cas de befoin, ils peuvent met‑
tre fept mille combattans fur pied, armés de
fufils, de lances, de boucliers, de haches
d'armes. Mr. Lange nous a auffi raconté
qu'ils favaient jetter leurs lances avec tant,
d'adreffe & de force, qu'à dix toifes de di‑
ftance ils atteignent un homme droit au
coeur, & le percent de part en part. Ce
que nous avons vu de leur état militaire par‑
nous-mêmes, ne nous en a pas donné une
grande idée.

Le degré de l'autorité que chaque infulaire
pouvait avoir fur d'autres, femblait ne fe
fonder que fur l'étendue de fa propriété. Les
gens du peuple exercent des métiers, tra‑
vaillent en qualité de manœuvres; ou ils
font efclaves. Ces derniers font attachés à
la glebe, comme les payfans ferfs, dans
quelques contrées d'Europe; & ils form
une propriété héréditaire, mais avec qi
que reftrictions plus humaines, que r
font les droits prétendus, que   ns   a
des pays, des Seigneurs chréti   è   t

arrogés fur leurs frères. Le propriétaire d'une terre peut bien vendre fes efclaves; mais d'ailleurs il n'a aucun pouvoir fur leurs perfonnes: il n'oferoit pas même les châtier, fans en donner connaiffance au Raja. Il y a des propriétaires qui ont cinq cens de ces efclaves; d'autres qui n'en ont que cinq ou fix. Le prix ordinaire qu'on en donne, eft un cochon gras.

Tontes les fois qu'un homme de diftinction fort, il ne manque jamais de fe faire accompagner de deux de fes efclaves. L'un porte fon fabre ou un couteau de chaffe à poignée d'argent ornée de groffes houes de crins de cheval; l'autre une bourfe eine de bétel, d'areca, de chaux & de ɔac. Cette efcorte fait l'unique & la plus ande pompe de ces Indiens. Le Raja ɩme n'a point d'autre marque de diftinon, pour faire connaitre fon rang.

Vous trouvâmes fingulier, que le préjugé 'ancienneté des familles foit auffi enraciné ; ces hommes à demi-fauvages que

parmi nos gentilshommes anglais du pays
de Galles, & la partie ignorante de la no-
bleffe allemande. Ainfi qu'eux, ces Indiens
fe targuent, au-de-là de toute idée, lorsqu'ils peuvent déployer un grand arbre gé-
néalogique d'ancêtres diftingués, comme
fi cela pouvait donner le moindre prix, ou
le moindre mérite intrinfeque à leur propre
perfonne ! Cependant pour rendre juftice
à ces Indiens, je dois ajouter, que cette fantaifie paroît provenir chez eux, plutôt d'une
prédilection générale pour tout ce qui eft
ancien, que de l'idée d'avantages réels qu'ils
pourraient en retirer. En effet, le refpect
pour l'antiquité femble être porté plus loin
dans cette île que par-tout ailleurs. Il n'y
a pas jusqu'aux maifons, lorsqu'un grand
nombre de perfonnes les ont habitées durant
plufieurs générations, qui ne paffent pour des
fanctuaires : Et de tous les objets de befoin
ou de luxe, dans la vie humaine, il y en a
peu dont on faffe plus de cas, ou qu'on paye
plus cher, qu'une pierre fur laquelle on

s'eſt ſilong - tems aſſis qu'elle en eſt devenue tout liſſe.   Ceux qui poſſedent ou qui peuvent en acheter de pareilles, les placent à l'entour de leurs demeures, pour s'y aſſeoir avec leur famille.

A l'occaſion de ces pierres, il faut que j'obſerve que chaque Raja poſe une grande pierre dans la capitale de ſon diſtrict comme un monument de ſon régne.   A l'endroit où nous mouillâmes il y avait treize de ces pierres, outre beaucoup de débris d'un grand nombre d'autres tombées en ruine de vétuſté. Pluſieurs ſont ſi grandes qu'on a peine à concevoir comment elles ont pu être tranſportées à leur emplacement, d'autant plus qu'il eſt ſur le ſommet d'une montagne.

Ces pierres, ſont encore deſtinées à un autre uſage, très - ſingulier & abſurde, que l'on ne trouve, que je ſache, qu'à cette île. Lorſqu'un Raja eſt mort, on publie un feſtin générale dans tout ſon pays, & tous ſes ſujets e raſſemblent autour de ces pierres. Là tous les animaux quelconques que l'on

peut fe procurer, font tués & mangés fans
miféricorde. Un tel feftin dure fouvent plufieurs mois jusqu'à ce que les animaux deftinés à être mangés dans tout le pays, foient
confumés. Les pierres monumentaires fervent alors de tables. Il eft aifé de concevoir qu'une telle fête eft toujours fuivie
d'une famine; & fi malheureufement elle
tombe dans la faifon féche où il n'y a point
de végétaux, il faut que tout le pays vive de
fyrop & d'eau, jusqu'à ce que le petit nombre d'animaux, qui ont échappé à ce maffa-
cre univerfel, ayent pu fe reproduire; ou jusqu'à ce qu'on ait pu en acheter dans les di-
ftricts voifins. Cependant ce rapport ne fe
fonde que fur le témoignage de Mr. Lange.

Nous n'avons vu, de leurs manufactures
que des étoffes de cotton, qu'ils favent filer, tiffer & teindre. Leur inftrument à filer
eft un fufeau tel que celui qu'on employe
en Siléfie & en plufieurs autres pays en guife
de rouet. Leurs métiers étaient autrement
faits que les nôtres, & nous les jugeames

mieux imaginés; mais je ne faurais en donner une idée nette à mes jeunes lecteurs, fans en joindre le deffein ou le modele.

Ce ne fut encore que par le rapport de Mr. Lange, que nous apprimes les détai's fuivans fur la religion de ces Indiens ; & cette autorité ne mérite point une entière confiance. Selon lui cette religion confifte en un paganisme fort infenfé. Chacun fe choifit fon Dieu particulier, & l'adore comme il le juge à propos ; de forte qu'il y a presque autant de Dieux & de cultes, que d'habitans. Non-obftant cela, leur morale eft, dit - on, parfaite, même quand on la compare à celle du Chriftianisme. La polygamie eft défendue, dans cette île, & l'on ne connait aucun exemple d'un commeice illicite entre les deux fexes. Les vols y font très raies ; & on eft fi loin de tout efprit vir dicat f. que quand il y a un fujet de difpute, on ne fe permet pas même une quéielle de paroles; de crainte d'être porté par là à la haine & à la vengeance. Au lieu de cela, ils po. tent la chofe tout de fuite devant le Raja, & s'en tiennent à fa décifion.

Tout cela n'a pas l'air fort payen, & fi Mr. Lange l'a compris dans ce qu'il nomme un paganisme infenfé, il faut avouer au moins, qu'à le confidérer fous ce point de vue, il eft plus chrétien que le chriftianisme de bien des chrétiens.

Ces gens paraiffent jouir en général d'une fanté durable ; nous en avons auffi obfervé quelques-uns qui étaient marqués de la petite verole. Notre garant, Mr. Lange, nous dit à ce fujet, que dès que cette maladie commençait à fe manifefter, on prenait des méfures auffi exactes à fon égard, que chez nous contre la pefte. Auffi-tôt que quelqu'un en eft attaqué, on le porte fans délai dans un lieu folitaire, éloigné de toute habitation, laiffant à la nature le foin de le guérir, & ne donnant au malade, que les rafraîchiffemens néceffaires qu'on lui paffe au bout d'une longue perche. D'où vient qu'en Europe, où cette epidémie peftilen-

tielle ôte la vie ou défigure annuellement
tant de milliers d'hommes, nous n'avons
point encore pensé à en arrêter les ravages par des arrangemens pareils? D'où vient
que, dès qu'il éclate une mortalité parmi
nos bestiaux, par la surveillance la plus at-
tentive, & les mesures les plus convenables,
nous nous efforçons de prévenir, qu'elle
ne s'étende; tandis que nous laissons la
la petite vérole passer librement de ville en
ville, de village en village, de pays en pays,
& que nous souffrons que cette maladie
meurtriere fasse tous les ravages qu'il lui
plait. Si un Indien de Savu était temoin de
cette incroyable négligence, ne serait-il pas
tenté de croire, qu'une vieille vache est plus
estimée chez nous qu'un homme, & que
nous n'attachons pas autant de prix à la con-
servation d'un enfant, qu'à celle d'un veau?

Quant à la vie privée de ces insulaires, &
à l'arrangement de leur économie domesti-
que, nous ne pûmes faire, il est vrai, de
grandes observations à cet égard; mais

une circonſtance qui nous parut fort ſin-
gulière, mérite cependant que nous la rap-
portions. Nous ne vîmes nulle-part dans
toute l'îſe la moindre trace d'évacuation
corporelle: il nous fut même impoſſible de
découvrir, ou ſeulement de deviner, où ilˢ
mettent les ſécrétions humaines, quoique
pluſieurs d'entre nous ayent paſſé à terre
trois jours de ſuite, depuis le matin jusque
fort avant dans la nuit. Il eſt mal-aiſé de
concevoir comment un ſecret ſi étrange ſur
cet objet eſt p atcable dans une région auſſi
peuplée, & je penſe qu'il n'y a pas de
pays ſur le globe où l'on ait plus de pudeur touchant les beſoins naturels de ce
genre, & où on y ſatisfaſſe auſſi ſecrette-
ment que dans cette île. C'eſt un trait bien remarquable dans le tableau du caractère d'une
peuplade entière, d'ailleurs ſi peu civiliſée.
Combien les baſſes claſſes du peuple en Europe, ſont-elles encore au deſſous de ces
inſulaires ſur ce point!

Les Portugais furent les prémiers qui dé-

couvrirent cette île, & qui vinrent s'y établir. Les Hollandais les en chaſſerent, mais
ſans y former un établiſſement: ils ſe con-
tenterent de faire un traité avec les Raja's,
au moyen duquel ils ſe chargeaient de fournir à chacun une proviſion annuelle & dé-
terminée de ſoieries, de toiles fines, de quin-
caillerie, d'arac &c. En revanche, les Raja's durent s'engager, pour leur perſonne
& pour celles de leurs ſujets, à ne commercer qu'avec la Compagnie & à livrer annuellement une certaine quantité de ris, de
maïs & d'autres productions du pays.

Suivant ce contract, trois perſonnes au ſervice de la compagnie doivent réſider dans
cette île, pour faire attention que les livrai-
ſons annuelles ſtipulées ſoient livrées à bord
d'un navire, & tranſportées à Concordia,
chef-lieu des Hollandais dans l'île de Timor.
Pendant le ſéjour que nous y fimes, ces
trois réſidens étaient, d'abord Lange, enſuite
le Portugais dont nous avons parlé, & enfin
un certain métis nommé Frédéric Creig, né

d'un père hollandais & d'une mère indienne. La charge de Lange l'oblige à aller tous les deux mois rendre visite à chaque Raja , l'un après l'autre. Lorsqu'il parcourt l'île dans ce dessein, il a toujours une suite de cinquante esclaves. S'il trouve que les chefs ont été négligers en fait de culture, il les exhorte au travail, & il observe les lieux où la recolte est déjà faite, afin d'y envoyer les chaloupes pour en lever ce qui appartient à la Compagnie. Dans ces voyages, il fait porter toujours quelques bouteilles d'arac par ses gens ; car il a trouvé que cette boisson lui rend de très bons services auprès des Rajas.

Frederic Creig est proprement constitué maître d'école pour la jeunesse dans l'île, afin de leur enseigner à lire , écrire & le christianisme. A cet effet, les Hollandais ont fait imprimer le nouveau Testament, le catéchisme & quelques livres de dévotion traduits dans la langue du pays. Le Docteur Solander eut occasion de voir non seule-

ment ces livres, mais encore l'écriture des
enfans, dont plusieurs écrivaient très bien &
avec beaucoup de netteté. Creig se vantait
d'avoir converti plus de six cens personnes au christianisme. Mais on peut aisé-
ment se figurer ce que c'est que le christianisme de ces insulaires, puisqu'il n'y a ni
église, ni Curé dans toute l'île.

En voilà assez sur ce sujet.

31.

Traversée de l'île de Savu à Batavia.

Fortifiés & ranimés par l'air de terre &
nos provisions fraîches, nous partîmes de
Savu & cinglâmes vers l'Ouest. Depuis le
21 Septembre, jour de notre départ, jusqu'au 30. il ne se passa rien d'important, car
nous continuâmes toujours notre route.
La nuit du 30. au 31 nous eûmes un nuage
avec des coups de tonnerre & des éclairs ter-
ribles, & à cette occasion, il nous arriva une

chofe, qui confirme l'expérience tant de fois
faite, que ce que nous nommons communément malheur, eft fouvent un vrai bien-
fait de Dieu , pour détourner un malheur
réel & beaucoup plus grand. A minuit il
fit un éclair terrible qui illumina le ciel &
la mer, & qui tout-à-coup nous fit voir la
terre! Sans ce coup de foudre bienfaifant
nous aurions dirigé notre navigation de ce
côté-là, & peut-être que, dans l'obfcurité
de la nuit, nous aurions fait naufrage : mais
j'étais averti : je détournai le vaiffeau de
vers l'endroit périlleux, & je l'evitai ainfi
fort heureufement. Au retour du jour , je
cinglai deréchef vers la région où j'avais
vu la terre ; & quand il fit tout-à-fait clair,
nous la reconnûmes pour être l'île de Java,
fur laquelle fe trouve Batavia, chef - lieu de
tous les établiffemens des Hollandais aux
Indes - Orientales.

Nous nous approchâmes de la côte autant que nous le pûmes ; & notre pauvre
Tupia étant tombé très-malade, j'envoyai

une chaloupe à terre, chercher, s'il était poffible quelques rafraîchiffemens pour lui, &
de l'herbe pour les buffles vivans qui nous
reftaient. Quelques heures après, elle revint avec quatre cocos, une liaffe de platanes & un peu d'herbe. On avait dû payer
les fruits un Schelling monaye d'Angleterre
(vingt-quatre fous) mais pour l'herbe, les
indigènes en avaient été fi peu chiches, que
non feulement ils n'avaient point voulu en
recevoir de payement; mais que fans intetêt
ils avaient encore aidé nos gens à la couper.
Le pays était tellement couvert de végétaux,
qu'il avait l'air de n'être qu'une vafte forêt,
& la vue nous en parut des plus attrayantes.

A onze heures, nous vimes deux vaiffeaux
Hollandais à l'ancre. J'y envoyai tout de
fuite Mr. Hicks s'informer de nouvelles de
notre patrie, dont il y avait bien long-tems
que nous n'avions point entendu parler. Il
revint avec l'avis, que les deux navires étaient
Hollandais, & qu'ils venaient de Batavia.
Il y avait auffi trouvé un pacquebot, qui fe
di-

difait deftiné à porter à Batavia les lettres qui arrivaient dans cet endroit. Nous jugeames cependant qu'il était bien plutôt placé là pour fervir de garde, & obferver les vaiffeaux qui arrivaient, ainfi que pour les queftionner. Car il léva l'ancre, dès que nous eûmes continué notre route, afin de nous fuivre. Mais le vent ayant pris une autre direction, il s'éloigna, & nous, de notre côté nous mouillâmes à deux lieues marines de terre.

Vers le foir, nous eûmes la vifite d'un canot Malays, où fe trouvait le maître du paquetbot en queftion. Il commença par nous préfenter toutes fortes de provifions fraîches; telles que des canards, de grands & de petits perroquets, des gros-becs de la Chine, & même des finges & autres denrées pour nous les vendre; mais il en demandait un prix fort haut. Je lui achetai cependant une tortue, d'environ trente fept livres pefant, pour une piaftre. Il me vendit dix pieces de groffe volaille, & enfuite quinze au même prix. J'aurais pu avoir encore deux finges &

O

toute une cage de gros-becs, pour cet argent-
là, fi nous en avions voulu. Notre marché
fini, il tira deux livres, & en m'en préfentant
un, il me pria d'y faire écrire par quelqu'un
de nous, le nom du vaiſſeau, celui de l'officier qui le commandait, d'où il venait, où il
comptait aller, & toutes les autres notices
que nous voudrions bien avoir la complaifance d'y ajouter. Il ajouta, que cela ne fe faifait, que pour pouvoir donner de nos nouvelles à nos amis, & à nos connaiſſances, s'il
en venait qui défiraffent d'en apprendre.
Mr. Hicks fe borna à y écrire le nom du
vaiſſeau, en y ajoutant ces mots: ,,d'Europe." Le maitre lut ce qu'on avait écrit,
& nous affura, qu'il n'y trouverait rien à
redire, quoiqu'il nous plût d'écrire fur notre
compte dans fon livre. Il écrivit lui-même
le nom du vaiſſeau & le mien dans l'autre
livre, pour en faire le rapport, ajouta-t-il,
au gouverneur & au confeil d'état Hollandais.

Le lendemain, après avoir continué à longer lentement la côte, à cause du peu de vent, & avoir encore été obligés de jetter l'ancre; nous vîmes approcher une autre chaloupe. Un officier hollandais qui s'y trouvait, nous envoya un billet imprimé en anglais contenant plufieurs queftions rélatives à notre vaiffeau, au cours qu'il avait tenu, & à fa deftination. Je jugeai à propos de ne répondre qu'à deux de ces queftions: favoir à celle du nom du vaiffeau & de fa deftination. L'officier l'ayant vu, il nous dit, que c'étaient-là les points capitaux qu'on défirait de favoir, que les autres n'importaient guére, après quoi il s'éloigna.

Mes jeunes lecteurs me rendront bien, fans que je le dife, la juftice, d'attribuer mon procédé à une caufe raifonnable, & non à un vain caprice. J'avais entendu dire de perfonnes dignes de foi, que les Hollandais n'avaient pris l'habitude de queftionner les vaiffeaux étrangers qui arrivaient à Batavia, que depuis quelques années; &

je croyais ne devoir porter aucune atteinte
à ma nation, ni à l'honneur de fon pavillon.

Il nous fallut encore fouvent jetter l'ancre, avant de pouvo'r arriver à Batavia.
Auprès d'une des petites îles fituées dans les
environs, deux Malais (c'eft ainfi qu'on
nomme les habitans de cette region du
globe) vinrent à notre bord, dans un petit
bâtiment 'n t·e·, & nous apporterent trois
tortues, & une provifion de poiffons fecs &
de citrouilles, qu'ils nous offrirent à vendre.
Les tortues pefaient enfemble cent quarante-
fix livres, & nous les achetâmes pour un
piaftre, ce dont nous fûmes fort fatisfaits
& les Mala·s tout autant. Mais enfuite ils
nous demanderent auffi un piaftre des citrouilles; & leur ayant dit : que c'était trop,
l'un d'eux nous repondit que cela était vrai;
mais que nous n'avions qu'à couper un
piaftre & leur en donner une piece. Nous
leur montrâmes alors une petite monnaye
portugaife, pour laquelle ils nous donnerent
toutes leurs provifions de citrouilles, au

nombre de vingt-fix. Ils s'en allerent alors gaîment, en nous priant cependant de nous bien garder de dire à Batavia, qu'ils étaient venus à notre bord. Apparemment, qu'on a défendu à ces pauvres gens, fous de grié-ves peines, tout commerce avec les vaiffeaux étrangers.

Ce ne fut que le neuvième jour de notre arrivée devant l'île de Java, que nous reuf-fimes à entrer dans la rade de Batavia, & à y mouiller.

Nous y trouvâmes trois vaiffeaux anglais, & quantité de navires hollandais. L'un de ceux-ci, qui portait un pavillon-amiral, nous envoya d'abord une chaloupe, pour nous demander, qui nous étions & d'où nous venions? A quoi je répondis ce que je jugeai convenable. L'officier qui nous fai-fait ces queftions, & fes gens portaient la paleur de la mort fur le vifage : trifte pré-fage des fouffrances qui nous attendaient dans ce pays mal-fain ! Cependant nos gens, qui à l'exception de Tupia, étaient tous

gais & difpos, s'en foucierent fort peu, parce qu'après tant de changemens de climats,
ils fe croyaient à l'épreuve de l'influence de la
plus mal-faine des contrées. En attendant,
j'envoyai un officier à terre, complimenter
le gouverneur.

En examinant avec foin notre vaiffeau,
nous le trouvâmes en fi mauvais état qu'il
y aurait eu plus que de la témérité à vouloir
y demeurer & le conduire en Europe fans
le carener auparavant. On me dit que pour
cela il fallait une permiffion du confeil d'état:
il fallut donc bien fe réfoudre à la demander.

Nous allâmes à terre, & notre première
vifite fut chez un certain Mr. Leith, le feul
Anglais de confideration qui foit établi dans
cette ville. Nous aprimes de lui qu'il y
avait une auberge établie par ordre & fous
les aufpices du gouvernement, où tous les
marchands & autres voyageurs étrangers
devaient loger; & que l'hôte avait foin de
la garde de leurs effets moyennant un demi
pour cent d'hôtelage. On y fit donc com-

mander des logemens pour nous ; quant à moi, j'allai au palais du gouverneur pour lui rendre mes devoirs. J'en fus reçu avec beaucoup de bonté ; il me dit, que j'aurais tout ce dont j'avais befoin, & que ma requête ferait préfentée au confeil d'état dès le lendemain ; que je n'avais qu'à m'y rendre : j'obtins effectivement ce que je défirais.

Cependant nos voyageurs avaient fait un contract avec l'aubergifte pour leur logement & leur nourriture, fuivant lequel chacun devait payer quatre florins d'Hollande par jour, ce qui fait un peu plus de deux écus d'Allemagne (huit livres douze fous) & autant pour chaque convié qu'ils voudraient inviter. Tout le thé, le caffé, le punch, le tabac & les pipes qu'eux ou leurs conviés voudraient confommer, étaient compris dans cet accord. Ils payaient en outre une demie roupie par jour, pour chaque domeftique ; ce qui fait un peu plus de trente fous.

Nos voyageurs trouverent cet accord fort équitab'e ; ils apprirent pourtant par la fuite, qu'ils payaient dans le fond le double de ce qu'on avait coutume de donner pour la nourriture & pour le logement. Leur table fut fervie fplendidement en apparence, mais dans le fond très-mal. On fervait quinze mets au dîner & treize au fouper ; mais neuf à dix de ces mets confiftaient en volailles du plus bas prix, diverfement apprêtées. On voyait fouvent le même plat un peu changé reparaître fur la table, & être compté chaque fois pour un plat nouveau. Nous apprîmes cependant bientôt, que l'hôte ne faifait qu'effayer fi les étrangers feraient affez bons, ou affez infoucians, pour s'accommoder d'une auffi mauvaife cuifine ; que dans ce cas, il continuerait fur le même pied ; mais que dès qu'on fe plaindrait, il apprêterait mieux, jusqu'à ce que les étrangers avouaffent eux - mêmes, qu'ils étaient contens. On mit à profit cet avis, on fit des plaintes, & la table fut meilleure.

Une incommodité non moins grande, à laquelle un étranger eſt expoſé dans cette ville, c'eſt qu'à tout moment quelqu'un vient chez lui. Chaque Hollandais qui paſſe devant l'auberge, vient ſans façon, à peu près comme les fripiers Juifs dans les nôtres, demander ſi on n'a rien à vendre? parce qu'il eſt rare de voir arriver quelque particulier à Batavia, qui n'ait quelque choſe dont il veuille faire commerce.

Chacun loue un équipage, car c'eſt pour ainſi dire, une honte dans cette ville, que de ſe ſervir de ſes pieds.

Dès que Mr. Banks fût établi à terre, il fit conduire chez lui T p〉, q ie était encore demeuré à bord, à cauſe de ſa maladie, & qui avait abſolument refuſé de prendre aucune médecine. Il était attaqué d'une fiévre biliaire. Il vint donc à terre avec Tayeto ſon jeune compatriote & ſon compagnon de voyage; & bien qu'il fut fort faible & fort abbattu, il parut reprendre tout à coup une nouvelle vie à ſon en-

entrée dans la ville, où tant de chofes ad-
mirables & qu'il n'avait encore jamais vues
fe préfentaient à fes yeux. Les maifons,
les équipages, les hommes & tant d'autres
objets abfolument nouveaux pour lui, frappant tout à coup fes regards, agirent fur
lui comme un charme. Tayeto exprima fon
étonnement & fon tranfport avec encore
moins de réferve. Hors de lui-même, il dan-
fait par les rues, & il régardait tout avec une
curiofité ardente & pleine de joie. Ce qui
frappa d'abord le plus Tupia, ce fut la variété des habillemens des gens qu'il voyait
paffer ; & quand on lui dit, que dans cet
endroit, où fe raffembiaient des perfonnes
de tant de nations diverfes, chacun s'habil-
lait à la mode de fon pays ; il défira tout
de fuite, de s'accommoder à cette mode,
& de paraitre en habillement d'Otaheite.
On fe rendit d'abord à fon défir ; on envoya
au vaiffeau chercher de l'étoffe de la mer du
Sud, & notre ami parut bientôt vêtu à la
manière de fon pays.

Pour faire carener notre vaiſſeau, il fallut le conduire de la rade, à la petite île d'Onruſt, où les Hollandais ont leurs chantiers, & leurs matériaux de conſtruction.

Nous commençames, au bout de huit jours à éprouver les mauvais effet du climat. Tupia eut une rechûte & ſon mal empirait de jour en jour. Tayeto prit une fiévre ardente pulmonaire. Les deux domeſtiques de Mr. Banks tomberent malades, & lui-même ainſi que le Dr. Solander prirent la fiévre. Au bout de que'ques jours, tous nos paſſagers & équipages, tant à bord, qu'à terre, ſe trouverent ou malades ou au moins indiſpoſés : cela vient ſans doute de la ſituation baſſe & marécageuſe de cette contrée, & des canaux innombrables & malpropres dont la ville & les environs ſont partout entrecoupés. Je fis dreſſer une tente, pour l'équipage, dont il n'y avait qu'un très-petit nombre d'hommes capables de travailler. Le pauvre Tupia qui empirait de jour en jour, ſouhaita d'être tranfporté de terre au vaiffeau , où il efpérait refpirer un air plus frais. Mr. Banks le tranfporta à l'île où fe trouvait alors notre navire, & y fit dreffer une tente pour lui. Là il refpirait également l'air de terre & celui de la mer , & il fe trouva fort content de fa fituation. Mr. Banks, plein d'humanité pour ce pauvre étranger, eut de lui un foin extrême, & quoiqu'il fût lui - même malade il fut deux jours fans le quitter Il ne fe fépara de lui qu'au troifième jour, lorsque fa fiévre intermittente s'étant changée en fiévre tierce, les accès en devinrent fi violens, que quand il les prenait, il n'était plus maître de fes fens. Dans le même tems, la maladie du Dr. Solander empira auffi beaucoup, & Mr. Monkhoufe, chirurgien de notre vaiffeau, fut obligé de s'aliter.

Celui-ci, qui était un homme habile & très - inftruit, fuccomba bientôt: ce fut la première victime de cette région meurtrière, & une perte doublement douleureufe pour nous dans ces circonftances. Alors nos fouffrances fe trouvaient réellement portées à un haut dégré, & notre perfpecti-ve pour l'avenir était fombre & défespérée. Le danger qui nous menaçait n'était mal-heureufement pas de nature à pouvoir le combattre par des efforts. Le courage, l'art, & les foins étaient également inutiles. La mort avançait journellement & vifiblement fur nous, & nous n'étions dans le cas ni de pouvoir la fuir, ni de lui réfifter. Nous louâmes des domeftiques Malais pour gar-de-malades ; mais ils manquaient ou d'hu-manité ou de capacité pour remplir ce de-voir : car il ne nous était pas même poffible de les engager à refter dans le voifinage des perfonnes confiées à leurs foins. Nos malades étaient fouvent obligés de fe lever, & de les chercher, lorfqu'il leur fallait quelque chofe. Le fecond que la mort nous ravit fut le jeune Indien, Tayeto, & la nou-velle de fon décès fit une telle impreffion fur le pauvre Tupia, que nous crûmes qu'il en mourrait le même jour.

Cependant on avait mis notre vaiſſeau ſur le côté, pour en éxaminer le fond. Nous vîmes a'ors, que notre heuieuſe arrivée dans cette île était une eſpece de miracle. Nous avions perdu une partie conſidérable de la quille; une grande paitie du platfond, c'eſt à dire des planches extérieures du vaiſſeau, éta't enlevée. Les planches intérieures, dans un eſpace de ſix pieds de long étaient tellement uſées par le frottement qu'à peine avaient-elles l'épaiſſeur d'un écu de 6 francs; & enfin, à Batavia, les vers étaient entrés dans le vaiſſeau & en avaient rongé les côtes. Néanmoins, dans ce triſte état, le vaiſſeau avait ſait bien des centaines de milles ſur une mer, dont la navigation eſt auſſi dangereuſe, que celle d'aucune autre partie quelconque de l'Ocean. Par bonheur qu'aucun de nous n'avait ni ſu ni même ſoupçonné, qu'il n'y avait entre nous & l'abîme, qu'une cloiſon pourrie de l'épaiſſeur d'une ſemelle. Mais nous paraſſions n'avoir échappé aux flots de la mer, que pour perir de la contagion à terre. Mrs. Banks & Solander étaient si malades, que leur médecin affurait, que le feul moyen de les fauver, c'était de les conduire à la campagne dans un air plus frais. On leur loua donc une petite maifon de campagne, où ils fe firent transporter. Pour n'être reduits aux chetifs fervices des efclaves Malais, ils acheterent chacun une femme efclave, qui les fervit infinement mieux.

Cependant la mort nous enleva notre pauvre Tupia, ce dont nous reffentîmes tous une douleur très-vive. Dès que ce pauvre homme eut appris, que fon jeune compagnon & domeftique Tayeto, qu'il aimait avec toute la tendreffe d'un père, ne vivait plus, fa maladie monta vifible. ment, & comme tout-à-coup à fon dernier période, & il expira lui-même peu après.

Cependant le vaiffeau fut racommodé du mieux qu'il fut poffible, & l'on éxécuta ce travail à ma très grande satisfaction. A cette occasion , je dois rendre témoignage aux employés & à tous les ouvriers de ces chantiers , qu'il n'y a pas d'endroit au monde, selon moi, où on soit mieux servi, pour ce qui regarde le carénage d'un vaisseau.

Mrs. Banks & Solander commencerent heureusement à se rétablir peu à peu. La situation de leur maison de campagne, qui était exposée des tous côtés à l'air frais, & auprès de laquelle passait un petit ruisseau, y contribua apparemment plus que les remédes. Cependant mon tour vint aussi de tomber malade, & de tout l'équipage il n'y avait plus que dix hommes en état de faire le service. Malgré cela, nous continuâmes de mettre le vaisseau en état de reprendre la mer, afin de quitter cette contrée mal-saine le plutôt que nous pourrions.

Mais les désagrémens de notre séjour devaient encore s'augmenter, & ce fut par l'arrivée de la saison pluvieuse. Les grenouilles qui coaſſent là dix fois plus fort qu'en Europe, l'annoncerent par des cris inſupportables de tous les canaux ; & les moucherons & les mosquites, qui nous avaient déjà aſſez incommodés auparavant, ſe multiplierent à un dégré prodigieux. Ils voltigeaient par millions au deſſus de chaque mare d'eau , comme des abeilles devant leurs ruches ; mais quoiqu'ils nous tourmentaſſent violemment la nuit, il faut leur rendre la juſtice de dire, que, durant le jour, ils nous laiſſaient aſſez en repos.

Le 24. Decembre, & par conſéquent environ un mois après notre arrivée à Batavia, nous eûmes achevé notre radoub, & nous nous trouvâmes prêts à remettre à la voile. Le nombre de nos malades ſe montait à quarante : les autres ne l'étaient plus, il eſt vrai ; mais ils étaient tous encore très faibles à l'exception d'un. Cet homme unique, qui demeura bien-portant durant tout le tems de notre ſéjour à Batavia, c'était note voilier, âgé ſoixante dix à qua-

tre vingts ans ; précisément celui. qui, d'a-
près le cours ordinaire de la nature, aurait dû fuccomber le premier, parcequ'il
ne laiffait pas paffer un feul jour, fans s'a-
brutir abfolument par la boiffon. Nous
avions enterré dans ce lieu fept perfonnes,
qui toutes, à l'exception de Tupia, fe portaient parfaitement bien en arrivant.

32.

*Defcription de la ville de Batavia, de fa
environs, & des productions naturelles qui s'y trouvent.*

Mes jeunes Lecteurs connaiffent fans
doute déjà la ville de Batavia par la géogra-
phie, & favent, que c'eft, non feulement
la capitale de l'île de Java, mais auffi le
chef-lieu de toutes les poffeffions des Hollandais aux Indes-orientales, & le p'us confidérable de tous les ét. bliffmens Européc-
ens en Afie. Je penfe cependant qu'ils ne

feront pas fâchés d'en apprendre ici davantage.

Cette ville eſt ſituée au Nord de Java,
dans une contrée baſſe & marécageuſe.
Pluſieurs rivières viennent s'y jetter à la
mer. Ces deux circonſtances ont apparemment porté les Hollandais à choiſir de préfé-
rence cet emplacement pour leur principal
marché dans l'Inde, d'autant plus qu'ils y
trouvaient de la facilité à former une multitude de canaux, qui font d'une grande
commodité pour le commerce & qui font
de cette contrée une feconde Hollande. Il
y a peu de rues à Batavia, au travers desquelles on n'ait pratiqué un canal affez large,
& la ville eſt en outre traverſée par cinq à
ſix rivières. Les rues en font généralement
larges, & les maiſons grandes: ces deux
cauſes la rendent beaucoup plus vaſte, à
raiſon du nombre de maiſons, qu'aucune
autre ville d'Europe.

Les canaux, qui entrecoupent Batavia,
font partout bordés, des deux côtes, d'une

rangée d'arbres ; ce qui donne un afpeÄ
ri.nt à l'intérieur de la ville, mais contribue
auffi à la rendre encore plus mal-faine qu'elle
ne l'eft déjà naturellement. Les canaux, qui
contiennent prefque tous une eau croupif-
fante, fort impure & corrompue, exhalent
dans la faifon des chaleurs une puanteur
infupportable ; & le grand nombre d'arbres
qui les bordent, empeche le libre courant
d'air qui pourrait écarter en partie ces exha-
laifons pernicieufes. Dans la faifon pluvieu-
fe, il en réfulte un autre inconvénient.
L'eau s'accroît dans ces canaux im-
purs, au point de déborder & d'inonder
les rez-de-chauffée des maifons, dans les
parties baffes de la ville. Lorsqu'elle s'écou-
le, elle laiffe une quantité incroyable de
limon & d'ordures.

Il faut prendre ce dernier mot dans fon
fens le plus énergique. On a la mauvaife coutume, de jetter journellement dans les canaux, tous les excremens humains de cette
ville qui eft fi grande & fi peuplée & où

cependant il n'éxiste pas unl seul privé. Il eſt vrai, fans doute, qu'on néttoye ces canaux de tems en tems ; mais la man'ère dont cela ſe fait rend le réméde pire encore que le mal. On jette le fédiment fétide qu'on en tire, le long des bords, c'eſt à dire dans les rues, où on le laiſſe jusqu'à ce qu'il ſoit aſſez durci pour le charger & remporter dans des bateaux. Il eſt facile de ſe figurer à quel point le déſſechement d'une maſſe auſſi impure, doit néceſſairement empoiſonner l'air.

Mais il ne ſuffit pas que l'eau croupiſſante des canaux ſoit ainſi empeſtée ; l'eau courante des rivières devient tout auſſi pernicieux, par la négligence & la malpropreté des habitans. On y jette les cadavres des animaux, & on n'en eſt aucunement frappé, de voir là un cheval, & ailleurs un chien mort, que les eaux ont portés ſur le rivage, & qui y reſtent juſqu'à ce qu'ils ſoient putréfiés. Pendant notre ſéjour, nous vîmes un buffle mort dans un bas-fond de l'une de ces rivières, au milieu d'une des principales rues; & néanmoins perſonne ne vint l'enlever.

Cette négligence impardonnable paraît d'autant plus ſurprenante, que l'amour de la propreté dans les maiſons eſt, comme on ſait, un des principaux traits caractèriſtiques des Hollandais, & on le retrouve à Batavia auſſi marqué qu'en Hollande, dans l'interieur des domiciles. Comment concevoir que la délicateſſe de ces gens ſe trouve choquée à la vue du moindre grainde pouſſière dans leurs demeures, tandis qu'ils reſpirent ſans répugnance un air rendu fétide & peſtilentiel uniquement par leur négligence ? C'eſt un nouvel exemple, combien les hommes ſont ſouvent inconſéquens dans leurs jugemens, dans leurs inclinations & leurs habitudes !

Pour mettre mes jeunes lecteurs encore mieux en état de juger de l'inſalubrité de cette ville, j'ajouterai les détails ſuivans: De cent ſoldats qu'on y débarque d'Europe, on nous aſſura qu'il n'en reſtait pas cinquante de vivans au bout de l'année. De ces cinquante, la moitié eſt à l'hopital, & du reſte il n'y en a peut - être pas dix qui jouiſſent réellement d'une bonne ſanté. Cette aſſertion peut être outrée ; mais les ſquelettes pâles & décharnés que nous y vîmes ſe trainer avec un fuſil ſur l'épaule, ne la confirmaient que trop. Et voilà cependant le cimetiere où l'on entraine tant d'Européens, tombés ſoit par imprudence de jeuneſſe, ſoit par une conduite extravagante, entre les mains des hommes diaboliques, qui ſous le nom de *vendeurs d'ames font un trafic* éxécrable d'hommes volés ! Je me réfere à cet égard à l'exhortation qui ſe trouve dans le troiſième volume de ces voyages. Il ſerait à ſouhaiter qu'elle parvînt à la connaiſſance de tout jeune homme imprudent ou étourdi.

Les maladies & la mort étant, dans cet endroit mal-ſain, des événemens journaliers, on en eſt ſi peu frappé, que l'on regarde la fin inopinée d'un homme comme la cho'e du monde la plus indifférente & la plus o-dinaire. Lorsque quelqu'un dit, que tel homme de fa connaiffance cft mort' on répond communén ent: *fort bien; il ne me devait rien;* ou: *il faudra que je cherche à retirer mon argent de fes héritiers.* Au refte, chacun combat presque continuellement contre les maladies & la mort; & tâche de les écarter de foi autant qu'il peut. De-là vient qu'on prend fans ceffe des préfervatits, & qu'on avale journellement des médecines, prefqu'auffi ponctuellement & régulièrement qu'on prend les repas, & qu'on attend le retour de certaines maladies avec autant de certitude, que celui des faifons. Dans toute la ville de Batavia, nous n'avons pas vu un feul homme, qui eût l'air parfaitement bien-port t!

Les maifons font bien bâties, & convenablement au climat. Le rez-de-chauffée confifte communément en une feule grande falle, dont les portes oppofées font presque toujours ouvertes, afin qu'il y ait un

cou-

courant d'air. A l'un des bouts de ce grand emplacement, eſt une cloiſon, qui forme un appartement ſéparé pour le maitre, & où il fait ſes affaires. Une autre cloiſon de cet eſpace forme la cour, où la famille s'aſſemble d'ordinaire pour y faire ſes repas. Dans d'autres tems, c'eſt le lieu où ſe tiennent les femmes eſclaves, parceque c'eſt le ſeul endroit où il leur ſoit permis de s'aſſeoir.

La ville eſt entourée d'un mur, d'un rempart & d'une eau courante. Le château ou la citadelle eſt ſituée à l'une des extrêmités vers le Nord-Eſt. Elle eſt bien fortifiée, & il y a des demeures préparées pour le gouverneur & Meſſieurs du Conſeil d'Etat, en cas de ſiége. Il s'y trouve encore de grands magaz'ns, appartenans à la Compagnie. Au reſte, tout le pays d'alentour eſt mis en état de défenſe par des forts & des fortins, & du côté de la mer, la place eſt abſolument imprenable. Car juſqu'à la portée du canon, l'eau eſt ſi baſſe, que non ſeulement un vaiſſeau de guerre, mais même une grande chaloupe auraient peine à en approcher. Il n'y a qu'un ſeul canal aſſez profond, nommé *le quartier*, (*das Revier*) qui conduiſe à travers les baſſes eaux dans la ville : mais outre qu'il eſt très étroit, il eſt bordé des deux côtés de forts épaulemens de pierres, & dominé d'un bout à l'autre par les plus forts baſtions; ce qui met tout vaiſſeau dans l'impoſſibilité d'approcher hoſtile-ment de la ville. On régarde le port de Batavia comme le meilleur des Indes ; & je penſe que c'eſt avec raiſon.

Du côté de terre, les environs de la ville ſont couverts de jardins & de maiſons de campagne, à une grande diſtance. Mais pour empêcher le libre cours d'un air plus pur, on a eu ſoin de planter les arbres ſi près les uns des autres que leurs troncs ſont preſque contigus & que l'enſemble offre l'aſpect d'une forêt impénétrable. Ces fo-rêts d'arbres fruitiers ombragent une vaſte contrée & parfaitement unie , entrecoupée de canaux & de foffés en tout fens. La feule maifon de campagne du gouverneur eft conftruite fur une petite hauteur , mais fi peu élévée, qu'à peine la diftingue - t - on de celles de la pleine. Néanmoins fon Excellence a dépenfé une fomme très - confidérable, pour enclorre de foffés croupiffans fon jardin fitué au fommet de cette terre, tant l'habitude a de puiffance fur les goûts & fur la raifon des hommes.

Au refte, ce pays fi bas eft très-fertile fans doute; & le lecteur l'aura préfumé d'avance, puisque c'eft un propriété commune à tout fol pareil. Cependant il eft difficile de fe faire une idée de cette fertilité, dans les environs de Batavia. Tout ce qui fait partie des premiers befoins ou qui contribue aux agrémens de la vie, y croit dans la plus grande abondance. Les objets du prémier genre font le ris ¡& le mais, les deux efpeces connues de grains des Indes. On cultive, dans les jardins, non feulement la plupart des légumes connus en Europe, mais encore d'autres particuliers au climat. Pour les fruits, ils y font d'une abondance & d'une variété également incroyables. Il faut ranger dans ce nombre les efpeces fuivantes connues en Europe: les ananas, les oranges douces & amères, les pomplemouffes, les limons, les citrons, les pifangs, les raifins, les mélons d'eau, les citrouilles &c. fans parler d'une quantité de fruits des Indes, dont la defcription ennuyerait mes lecteurs.

Il eft prefque incroyable quelle quantité de fruits il fe confomme dans la feule ville de Batavia On y apporte tout des environs fort au loin; & cette quantité de fruits, fi beaux & fi variés, que l'on voit en tas fur les marchés, forme un coup d'oeil fort agréable pour un Européen. C'eft une chofe affez commune d'y voir arriver à la fois quarante à cinquante charretes, chargées des plus beaux ananas.

Un luxe particulier aux habitans de cette

ville, mérite bien qu'on en faſſe mention.
Ils brûlent ſans ceſſe des bois & des gom-
mes odoriférantes , & prodiguent une foule
de fleurs, pour répandre partout des odeurs
agréables. Cela doit ſervir apparemment de
contrepoiſon aux exhalaiſons pernicieuſes
des canaux : mais au fond, cela ne ſert
qu'à en rendre la féteur inſenſible dans
leurs maiſons. Car ce moyen ne peut remédier que faiblement à leur funeſte influence.
On y a auſſi une grande quantité de fleurs
inconnues en Europe, & les perſonnes des
deux ſexes ne manquent presque jamais d'en
avoir ſur elles , dans tout ce qui les envi-
ronne. Outre cela, tout le monde porte
les feuilles coupées d'une plante très-odo-
riférante dans ſes habits & dans ſes cheveux. On les repand ſurtout abondamment ſur les lits , de façon que ſoit qu'ils
veillent ou qu'ils ſoient endormis, les
habitans de Batavia reſpirent ſans ceſſe des
odeurs ſuaves.

On ne cultive plus à Java d'autre épicerie

que le poivre; mais auffi l'y recueille-t-on dans la plus grande abondance. Les Hollandais ont concentré la culture des cloux de girofle, dans la feule île d'Amboine, & celle de la mufcade à l'île de Branda ; ils l'ont fait par politique, afin de ne pas en diminuer le prix par leur mu'tiplication. Voici par quels moyens ils ont fu y parvenir: Après avoir foumis tous les Rajas ou Princes indiens, qui regnaient dans ces îles , ils leur prefcrivirent, dans les traités qu'ils firent avec eux, le nombre d'arbres à cloux que chacun pourrait avoir dans fon pays. Au moindre différent entre les deux parties, la punition des pauvres Rajas était toujours une diminution du nombre fixé de ces arbres. On réitéra ces menées jusqu'à ce qu'on leur eût ôté tout à fait la liberté d'en cultiver aucun.

Les animaux domeftiques qu'on entretient dans ce pays, font les chevaux, le bêtail à corne & à laine, les chevres, les porcs, les chiens & les chats. Les chevaux font fort petits, mais vifs. Outre les bêtes à corne ordinaires il y a des buffles en quantité; mais les Hollandais ne font ufage ni de leur chair ni de leur lait, parcequ'ils ont le préjugé, cela nuirait leur fanté. Les Chinois mangent l'un & l'autre & s'en trouvent fort bien. Les porcs de ce pays, furtout ceux qu'élévent les Chinois, font d'un goût parfait : néanmoins les Hollandais, fort prévenus pour tout ce qui vient de leur patrie, préférent de beaucoup la chair de porcs de race Hollandaife, & ne touchent pas à celle des autres.

Dans les contrées montagneufes de l'île, il y a non feulement des chevaux & des bœufs fauvages, mais encore, une multitude de chevreuils & de fangliers. On y trouve auffi des tigres & des rhinocéros, bienque ces derniers foient rares. Pour les finges, il en vient jusques dans le voifinage de Batavia.

Le nombre de poiffons eft prodigieux; mais les bonnes efpeces étant précifement les plus multipliées, & les chétives plus rares, on ne voit fur la table des maîtres que celles-ci, comme les plus cheres; & les autres tombent en partage aux efclaves.

La volaille domeftique de ce pays, comme les canards, oies, pigeons & coqs d'Inde, eft fort bonne, & les deux premieres efpeces à très-vil prix. Le gibier volatil eft plus rare; cependant il y en a une efpece que nous avons trouvée dans toutes les parties du monde, & auffi à Batavia; ce font les bécaffes.

En fait de boiffons, la nature a été plus avare ici que dans bien des pays plus feptentrionaux. Pour du vin, l'île n'en produit point du tout. Cependant la plupart des habitans étant de la réligion de Mahomet, qui a défendu le vin, ils n'ont pas lieu de fe plaindre de cette privation. En revanche, & pour s'enivrer, ils mâchent de l'Opium, & détruifent ainfi leur raifon & leur fanté; comme fi Mahomet ne leur avait défendu qu'une certaine manière de s'enivrer & non l'ivreffe en général!

Outre cela, on y fait de l'arac de ris, & une espece de vin de suc de palmier, dont j'ai déjà donné la description, en parlant de l'île de Savu.

33.

Particularités touchant Batavia; mœurs & usages des habitans.

Les Hollandais ou même leurs descendans ne forment pas la cinquième partie des habitans de cette ville & des environs. La plupart sont ou Portugais ou Chinois, à quoi il faut ajouter une foule d'esclaves négres, & d'Indiens de toutes les nations. Chaque Européen, de quelque pays qu'il soit, trouvera des compatriotes, parmi les troupes qui y sont en garnison. Cependant les Allemands y sont en plus grand nombre que tous les autres pris ensemble. Mais pour occuper un emploi civil, ou avoir part au gouvernement du pays, il faut être d'origine hollandaife. Si donc quelqu'un veut s'établir à Batavia, il ne le peut abfolument qu'en qualité de foldat; & il faut pour être reçu comme tel, qu'il s'engage à fervir cinq années. Cependant il faut avouer auffi, que cet engagement ne fignifie pas grand chofe; car on obtient facilement du confeil d'Etat la permiffion de s'abfenter, & de commercer ou de trafiquer comme on veut. Voilà le fens dans lequel il faut prendre ce qu'on entend fouvent dire; que tous les blancs de cette ville font foldats.

Les femmes peuvent s'y établir à leur gré fans difficulté. Cependant on nous affura durant notre féjour, qu'il n'y avait pas vingt perfonnes du féxe nées en Europe. Les autres dames blanches que nous y trouvâmes, étaient toutes des créoles nées aux Indes. Celles-ci imitent les modes & les ufages des Indiennes en toutes chofes; & même celui de mâcher leur bêtel.

On facilite beaucoup le commerce aux marchands. Les Chinois, qui font les cour-

tiers , font presque tout. Lorsqu'il arrive
un vaiſſeau pour prendre une cargaiſon, le
marchand auquel le patron du navire s'a-
dreſſe , fait apeller le Chinois avec lequeľ
il traite. Il lui donne la liſte des marchandiſes que l'on déſire; celui-ci les fait porter
à bord , délivre l'argent au marchand. qui
en prend ſon bénéfice , & en remet le reſte
au Chinois pour en payer les marchandiſes.

Les Portugais domiciliés dans cette ville ont presqu'entièrement dégénéré. Ils ne
parlent presque que le Malais, ou tout au
plus un Portugais corrompu; ils ont paſſé
de la religion catholique à la luthérienne,
& ils s'habillent éxactement comme les indigènes. On les range dans la baſſe claſſe
du peuple, qui gagne ſa vie à toutes ſortes de
vils travaux. Il y en a pluſieurs qui vivent
de la chaſſe : d'autres s'occupent à laver des
étoffes, & le reſte travaille à des métiers.

Les Indiens établis dans la ville & dans
les environs ne ſont pas Javanois, mais
originaires de pluſieurs autres îles, d'où

ils ont été amenés comme esclaves. On les a affranchis fuccessivement. Ils fe nomment tous *Ifalam*, c'est à dire *vrais croyans* parcequ'ils font Mahométans. Mes jeunes lecteurs ne s'étonneront pas, j'espere, de la préfomtion qui leur fait prend.e ce titre, car ils auront obfervé fans doute, que toute fecte religieufe fe croit la feule véritable, & régade fa croyance comme la feule où l'on puiffe faire fon falut.

Ces Indiens, qui vivent principalement de la vente des jardinages & des fruits, font feuls le commerce du bétel & de l'arreca, dont on confomme une quantité prodigieufe à Batavia, parcequ les perfonnes de tout état & de tout fexe en mâchent continuellement. On y mêle également de la chaux, mais éteinte, ce qu'attaque moins les dents qu'à l'île de Savu. On y mêle auffi de la cardamome, & d'autres épiceries, pour purifier l'haleine.

Les femmes de ces Indiens font fort jaloufes, d'une chevelure épaiffe, que la nature leur accorde avec profufion. Mais non contentes de ce don, elles cherchent à en relever le prix, par l'ufage de certaines effences & par d'autres moyens encore. La manière dont elles arrangent ces cheveux touffus, qui font toujours tout noirs, nous parut à tous la plus jolie & du meilleur goût du monde. Elles les roulent fur le fommet de la tête en forme de couronne, les attachent avec une épingle à cheveux & les entourent enfuite d'une guirlande de fleurs des plus agréables à l'œil.

Les deux fexes chez ce peuple, fe baignent au moins une fois le jour dans l'eau courante ; ce qui dans un pays auffi chaud eft fort néceffaire tant pour la propreté qu'à la fanté. Ils prennent auffi un foin extraordinaire de leurs dents, non quant à leur couleur, car l'ufage de mâcher continuellement du bétel, les rend toujours jaunes : mais quant à l'ordre & à la forme. À cet effet ils en frottent les extrêmités avec une efpece de pierre à aiguifer, jusqu'à ce qu'elles foient toutes égales. Enfuite ils font, (je ne fais pourquoi, fi ce n'eft peut-être afin de rendre l'égalité de leurs dents encore plus fenfible par une ligne droite) une entaille profonde au milieu de toutes les dents fupérieures & parallele aux gencives. Cette entaille traverfant l'émail jusqu'à l'os, on croiroit que les dents ainfi entamées doivent en être plutôt rongées. Il n'en eft rien cependant; & nous fûmes bien furpris de ne pas trouver un feul individu qui eût une dent attaquée: nous ne pûmes expliquer ce phénoméne.

J'en viens à prefent à la defcription de l'ufage horrible qui regne parmi ces peuples & qu'on nomme *Schweis-Rennen* (courfe de fang) ou en langage du pays *Muck-Rennen* (courfe de phrénéfie.) (a) De-

----

(a) Nous avons traduit ces mots, fuivant le fens qu'ils nous ont paru avoir d'aprés la nature de la chofe & l'étymologie Allemande. *Schweis*, en terme de chaffeur fignifie

ſcription que tout lecteur ſenſible ne pourra lire ſans douleur, & ſans gémir ſur les égaremens affreux dans lesquels les paſſions peuvent entraîner tous les hommes.

Quand un Indien de ce pays éprouve une outrage ſenſible, qui le met en fureur, il s'enivre d'opium. Furieux alors par la ſoif de la vengeance & par l'ivreſſe réunies, il ſe précipite une arme à la main; cherchant d'abord celui qui l'a offenſé, pour le ſacrifier le premier à ſa rage: enſuite il court les rues poſſédé de la même fureur & la bouche écumante, pour percer également tous ceux qui tenteraient de l'arrêter. Voilà ce qu'on nomme le *Muck-Rennen*. Nous en vîmes pluſieurs exemples durant notre ſéjour: & un des huiſſiers de la police chargés d'arrêter ces furieux, nous a dit qu'il ſe paſſait rarement de ſemaine

---

ſang: & *Muck* vient apparemment de Mukken, qui ſignifie des mouches ou taons, ſurtout d'un cheval que la piquure des inſeƈtes a emporté.

où l'on ne l'appellât soi quelqu'un de ces collegues pour arrêter queqqu'un de ces enragés. Ces huisiers font autorisés à se saisir d'un tel homme mort ou vif. S'ils le livrent vif, ils reçoivent une récompense; mais en cas contraire ils ne tirent que leur païement. Cependant ces furieux vendent chérement leur vie; & avant d'être domptés ou de succomber, ils tuent communément plusieurs de ceux qui veulent les saisir, quoique ceux-ci soient armés de certaines grandes pinces, dont ils peuvent atteindre de loin ces enragés, & les tenir fermes. Ceux qu'on prend vivans font roués vifs fans miféricorde; s'ils font bleffés, comme c'eft l'ordinaire, & que le chirurgien, après avoir éxaminé la plaie, la déclare mortelle; l'éxécution fe fait immédiatement & communément sur la place même où le malheureux a commis le premier meurtre.

L'un de ceux qui prit cette rage durant notre fejour à Batavia, était un affranchi, homme moyenné & fort à son aife.

Il était devenu jaloux de fon frère, qu'il tua le premier dans fa furie & il maffacra enfuite deux autres perfonnes qui voulaient lui refifter. Il ne fortit cependant pas de fa maifon, & tenta de s'y défendre. Il avait trois fufils, avec lesquels il voulait écarter les huiffiers; mais il était tellement hors de fes fens, qu'il n'apperçut pas, qu'il n'y en avait pas un feul de chargé.

Pour faire concevoir à quel point ces Indiens, qui vivent cependant depuis fi long-tems parmi des Européens, font éloignés de toute culture d'efprit & de lumières, je vais rapporter quelques opinions & coutumes religieufes, qui fubfiftent encore parmi eux.

Ils regardent le diable, qu'ils nomment *Satan*, comme l'auteur de toute les maladies & de tous les maux en général. Ainfi lorsque quelqu'un parmi eux tombe malade ou dans quelque autre détreffe, il cour porter de la viande, de l'argent & autres chofes au diable, comme un offrande propitiatoire. Si quelqu'un a fait un rêve, qui lui paraiſſe remarquable, il s'imagine que Satan lui donne par - là un ordre qu'il doit exécuter ſous peine d'une maladie ou même de la mort. Cet homme fait donc les derniers efforts d'imagination pour deviner quel peut être cet ordre. S'il ne peut en venir à bout, il a recours au *Kawin* ou prêtre, qui fait lui dire avec préciſion le ſens caché de ſon rêve myſtérieux. C'eſt communément que le diable veut un préſent en vivres ou en argent; & il ſerait ſuperflu de dire, qu'on n'oſerait lui refuſer ce qu'il demande. On met donc l'offrande ſur une aſſiéte faite de feuilles de cocotier, que l'on ſuſpend à une branche d'arbre tout auprès de quelque eau. Mr. Banks demanda un jour à l'un de ces Indiens, s'ils croyaient, que Satan employât cet argent à quelque uſage, & qu'il mangeât de ces vivres. Il repondit que quant à l'argent, ce n'était pas tant un don que le diable demandait pour lui, qu'un châtiment qu'il leur impoſait

pour quelque transgreſſion ; & que ce n'é-
tait pas leur affaire de s'embarraſſer , entre
les mains de qui paſſait cet argent ; que
pour la viande, ils ſavaient bien que
le diable n'en mangeait pas les parties
groſſiéres , mais qu'ils étaient ſurs , qu'il
y appliquait la bouche pour la ſucer , puisqu'enſuite elle n'avait ni goût ni ſaveur.

Cette ſuperſtition eſt ſans doute aſſez abſurde ; mais en voici une autre qui l'eſt
encore davantage. Ces gens ont encore la
folle croyance , qu'il arrive de tems en
tems, que des femmes en accouchant d'un
enfant, mettent encore au monde , un petit crocodile , comme une eſpece de jumeau
du nouveau-né. Lorsqu'on leur demande ce
que devient enſuite cette créature, ils ré-
pondent que les ſage - femmes la portent
tout de ſuite à la rivière, & la mettent dans
l'eau. La famille à laquelle on a fait accroire
qu'elle a un tel monſtre de parent dans une
rivière, lui apporte enſuite ſans ceſſe des vivres. Il faut ſur-tout que celui qu'on croit

le frère jumeau du crocodile, aille à de certaines époques à la rivière, pendant toute sa vie, pour remplir ce devoir fraternel. S'il y manquait, ils croient tous qu'il en serait-châtié par une maladie, ou même par la mort. Il est difficile de concevoir comment une superstition aussi absurde & aussi insensée a pu se former. Peut-être est-elle venue des îles de Celebes ou de Bornéo, où plusieurs habitans ont l'usage d'entretenir des crocodiles dans leurs maisons. Quoi qu'il en soit, elle s'est répandue à l'heure qu'il est dans presque toutes les îles des Indes orientales, & les gens y sont tous si fortement persuadés que cet événement impossible arrive journellement, que chaque Indien que nous questionnâmes sur ce sujet, nous assura sur sa foi & sans balancer, que la chose existait en toute réalité.

Ces crocodiles jumeaux se nomment *Sudaras*. Les Indiens, chaque fois qu'il en fut question, firent leurs efforts pour nous persuader de l'éxistence de ces êtres

chimériques, & appuyerent leurs affuran-
ces de beaucoup de contes abfurdes. Une
jeune efclave, qui favait un p u d'Anglais,
raconta entre autres à Mr. Banks, que fon
père lui avait découvert fur fon lit ce mort,
qu'il avait un pareil frère Sudara, &
lui avait ordonné, folemnellement, comme fa dernière vonlonté, d'avoir bien foin
de cet oncle dans la rivière, & de le bien
nourrir après fa mort. Qu'il ne fallait pour
cela, qu'aller au bord de la rivière, à un
certain endroit, & crier *Radjapouti* (Roi
blanc): qu'alors il fortirait du fond de l'eau;
qu'elle avait éxécuté l'ordre de fon père,
& qu'à fa voix le crocodile était incontinent forti de l'eau, & avait mangé de fa main
les mêts qu'elle lui avait aportés. On lui
demanda alors, quelle mine avait eue Monfieur fon Oncle. Elle repliqua: Oh! il n'a-
vait pas la mine qu'ont les autres crocodiles; il était bien plus beau: il était tacheté
fur tout le corps; il avait le nez rouge, &
des anneaux d'or aux pieds & aux oreilles,

Mr. Banks ne jugea pas qu'il valût la peine, d'avertir cette folle, que les crocodiles n'ont point d'oreilles, & ne peuvent par conféquent y porter des ornemens.

On voit que ces Indiens ignorans & fuperftitieux croient réellement à l'exiftence de ces frères crocodiles, & puisque, felon l'ufage des gens fuperftitieux, ils ne balancent point, lorsqu'il s'agit d'en convaincre d'autres, moins crédules, d'inventer toutes fortes de fables, qu'ils répetent fi fouvent, qu'à la fin ils oublient que c'eft eux qui les ont inventées.

Il y a des îles, où l'on fait à certaines époques un feftin public en l'honneur de ces prétendus parens aquatiques. A cette occafion les habitans vont en grand nombre, dans des canots à l'endroit où il y a le plus de crocodiles; là ils montent & defcendent la rivière à plufieurs reprifes au fon de la mufique; ils chantent & ils pleurent tour à tour; chacun appe le fon parent, jusqu'à ce que par hazard un crocodile vienne à fe montrer. Alors ils jettent dans l'eau une quantité confidérable de vivres qu'ils ont apportés, avec du bétel & du tabac, & s'en retournent dans la douce perfuafion qu'ils ont rempli un devoir facré.

Après les Indiens, la claffe la plus nombreufe des habitans de Batavia & des environs, confifte dans les Chinois. Il y en a plufieurs qui demeurent dans l'enceinte de la ville, où ils tiennent boutique. Mais la plupart vivent dans un fauxbourg particulier, nommé *Campong-China*. Ils exercent toutes fortes de métiers, fe chargent de toutes les affaires qu'on leur confie, & méritent en général la juftice qu'on leur rend partout, de dire qu'ils font une nation laborieufe & pleine d'induftrie. Il eft tout auffi rare de voir à Batavia un Chinois oifif, qu'un Hollandais ou un Indien qui foit occupé. Ils n'en font pas moins en général très-pauvres. Cela étonnera tous mes lecteurs; car l'induftrie & l'amour du travail font les fources les plus certaines des richeffes. Mais leur étonnement ceffera, quand ils fauront, qu'avec toute leur induftrie, ils font des joueurs paffionnés. A peine ont-ils mis leurs outils de côté, qu'ils prennent les cartes ou les dés à la main, ou qu'ils commencent d'autres jeux dont ils ont un nombre infini. Ils font fi adonnés à ces amufemens, qu'ils en oublient le manger, le boire & le fommeil. Or c'eft une fait connu, que rarement un joueur amaffe des tréfors.

Ces Chinois font toujours officieux, ou plutôt foumis dans leur conduite à l'égard d'autres perfonnes, de forte qu'on peut leur propofer ce qu'on veut; que la chofe foit propre ou fâle, honnête ou infame, pourvu qu'elle ne conduife pas droit à la potence. Ils font d'ailleurs extrêmement propres fur leurs corps, de quelque condition qu'ils foient. Ils font modérés & tempérans à l'égard de leur nourriture: leurs alimens ordinaires font du ris, de la viande ou du poiffon Leur religion ne les borne pas à de certaines alimens particuliers, com-

me

me celle des Mahometans ou des Juifs; de
forte qu'ils mangent non feulement du porc,
mais auffi des chiens, des chats, des grenouilles, des lezards, quelques efpeces de
ferpens, & plufieurs animaux de mer, que
les autres habitans du pays ne regardent
pas comme mangeables. Ils fe nourriffent
auffi de beaucoup de végétaux, auxquels
les Européens ne toucheraient que dans le
cas d'une grande famine.

Il n'y a rien fur quoi la fuperftition &
la folie des hommes fe manifeftent d'une
manière plus ridicule & plus abfurde, qu'à
l'égard de l'enterrement des morts, & des
cérémonies & ufages imaginés à cet effet.
Il en eft de même à Batavia. Les Chinois
ont à cet égard une fuperftition fingulière :
c'eft de n'ofer jamais ouvrir pour la feconde
fois le fépulchre où l'on a déjà mis un mort.
De-là vient que leur cimetière occupe à Batavia un efpace de plufieurs centaines d'ar-
pens. Les Hollandais, qui aiment à cultiver chaque pied quarré de terre, voient à

VI.　　　　　　　　Q

regret tant de terrein rendu par là inutile;
& par conséquent, quand les Chinois veulent acheter un nouveau coin de terre à cet usage, ils sont obligés d'en payer un prix énorme. Le plus grand soin des Chinois à l'égard de leurs morts, c'est de les préserver de la corruption, & d'empêcher autant qu'il est possible, que leurs restes ne se mêlent jamais avec la terre. A cet effet ils enferment le corps mort dans un grand cercueil de bois fort épais, fait non de planches comme les nôtres, mais d'un gros tronc d'arbre creusé comme un canot. On le bouche fortement; on le descend dans la fosse, & ensuite on l'enduit d'une croûte de dix pouces d'épaisseur, de ce qu'on nomme mortier de la Chine. Un tel enduit acquiert en peu de tems la dureté de la pierre.

Parmi les vaines cérémonies que nous eûmes occasion d'observer chez les gens de cette nation, il faut remarquer sur-tout l'usage qu'ils ont, & qu'avaient auſſi les Romains, de louer un nombre conſidérable de femmes pour pleurer & pouſſer des gémiſſemens. Des larmes achetées à prix d'argent! quel moyen abſurde, de manifeſter ſon amour & ſa vénération envers un mort! Mais enfin, cet objet forme une partie eſſentielle d'un convoi funéraire décent, & à Batavia, il faut que chacun ſe le procure, coûte que coûte. Même lorsque le mort doit plus que la valeur de ſon héritage, on n'oſerait faire une exception à cette régle. Dans ce cas, il faut vendre l'héritage, & d'abord enterrer convenablement le mort de ce qui en eſt provenu; après quoi l'on éxamine s'il reſte quelque choſe ou non, pour les créanciers, qui ſont obligés d'attendre la fin des formalités. C'eſt ainſi qu'on prefere, dans ce pays, les morts aux vivans, & le cé);rémonial à la juſtice!

Après les Chinois viennent les eſclaves, qui forment auſſi une claſſe nombreuſe d'habitans du pays. On les fait venir ſoit d'Afrique, ſoit de diverſes îles de l'Archi-

pel des Indes. Les seuls habita s de l'île de
Java sont déclarés par les loix libres de tou-
esclavage. Ces esclaves sont une espece
d'hommes t ès paresseux ; mais aussi, s'ils
travaillent peu, ils sont très-faciles à con-
tenter en fait de nourriture. Leurs alimens
ordinaires sont du ris & un peu de poisson
de l'espece la moins chère. On peut se figurer quel est l'état moral de ces pauvres créatures. Qui pourrait attendre des sentimens
humains & nobles, d'hommes accoutumés
à être traités en bêtes brutes ?

Le maître a le pouvoir de traiter & de
châtier ses esclaves, comme il le juge à
propos ; il lui est seulement interdit de leur
ôter la vie. Quand même on n'aurait pas
eu dessein de tuer son esclave, s'il meurt
durant le châtiment ou de ses suites, on n'en
est pas moins recherché en justice aussi sé-
vèrement, que si le mort avait été un homme libre. Cette loi bienfaisante rend aux
esclaves une partie des droits de l'humanité
dont on les a si inhumainement privés.

Ils font au moins affez à l'abri des tranfports fubits de colère de leurs tirans; qui, crainte de commettre un meurtre, ne fe hazardent point à les frapper eux-mêmes. Ils s'adref-fent plutôt à un records conftitué à cet effet dans chaque quartier, & qu'on nomme un *Marineu.* Mais ce records ne les châtie pas lui-même, il les fait châtier par des efclaves, qu'il entretient à cet effet. On châtie les hommes efclaves publiquement à la porte de leur maître; mais les femmes dans l'in-térieur de la maifon. Le châtiment confifte en un nombre plus ou moins grand de coups d'une canne des Indes coupée en tranches minces. On les en frappe avec une telle force, que le fang coule à chaque coup. Le Marineu reçoit, pour une puni-tion ordinaire, un écu, & pour une plus forte, un écu & demi.

Le premier & le principal perfon-nage, non feulement à Batavia, mais en-core dans toutes les poffeffions des Hol-landais aux Indes, c'eft le *Gouverneur gé-*

néral des Indes - orientales, qui y fait fa
réfidence. Immédiatement après lui. viennent les membres du Confeil d'Etat, dont
il eft le chef, & qui portent le titre de Nobles Seigneurs. Auffi fe croient-ils des gens
d'importance ; & ils éxigent des marques
de refpect très - frappantes. Par exemples
lorfqu'on les rencontre en caroffe, ils pré-
tendent non feulement qu'on leur cede,
mais auffi qu'on arrête, & qu'on fe léve
de fon fiége, pour leur faire la révérence.
Les époufes de ces nobles Seigneurs, &
même leurs enfans éxigent qu'on leur ren-
de les mêmes honneurs ; & l'on demande
l'obfervation de ces ufages ferviles non
feulement des indigènes, mais encore de
tous les étrangers. Cependant les officiers
anglais font dans l'ufage de s'en difpenfer.

La juftice à Batavia, comme partout ailleurs, parait avoir befoin d'une grande ré-
forme. On y reproche fur-tout aux juges
une inique partialité. On affure qu'ils font
d'une févérité outrée envers les indigènes,

& doux & indulgens jufqu'à l'injuftice envers
leurs compatriotes hollandais. Lorfqu'un
chretien s'eft rendu coupable d'un grand
attentat, on ne lui ravit jamais la facilité
d'échapper avant le premier interrogatoire ;
& lors même que cela ne fe fait pas, on
adoucit toujours la loi, au point de ne jamais lui ôter la vie. Mais pour les pauvres
Indiens, dans ces occafions, il n'y a pas
de miféricorde ; on les pend, on les roue
vifs, ou même on les empâle.

Les Malais & les Chinois font également obligés de payer des impôts confidé-
rables à la Compagnie Hollandaife ; &
ceux ci portent fouvent fur des objets fort
finguliers ; par exemple, fur la liberté de
porter fes propres cheveux. Le croirait-on
que l'infolence du defpotisme puiffe aller
jufqu'à ôter à une créature humaine la liberté de porter un ornement, que Dieu lui
même lui a donné ? Cependant c'eft ce qui
fe fait là ; & cette arrogance hollandaife y
eft fi fingulière, qu'on ne fait en vérité, fi

on doit en rire ou en pleurer. Les impôts fixés doivent être exactement payés tous les mois; & afin que Meſſieurs les Hollandais n'aient pas la peine d'aller les ramaſſer, ou d'entretenir des employés à cet effet, on a eu recours à un expedient plus commode. C'eſt d'arborer à chaque terme de payement, un pavillon ſur le ſommet d'une maiſon ſituée au centre de la ville; c'eſt là le ſignal, pour un chacun, de venir vîte payer ſes taxes lui-même. On obéit alors incontinent, car on ſait par expérience ce qui en réſulte, lorſqu'on ne fait point attention à ce pavillon, & qu'on n'accourt pas, ſous aucun délais avec ſon argent à la main.

Voilà les principales obſervations, que nous avons eu occaſion de faire durant notre ſéjour. Je vais maintenant pourſuivre le récit de notre voyage.

34.

Navigation de Batavia à l'isle-du-Prince. Description concise de cette île. Arrivée au Cap-de-Bonne-Espérance. Traversée de là en Angleterre.

Ce fut le 27 Decembre 1770, à six heures du matin, que nous levâmes derechef l'ancre pour remettre en mer.

Nous souhaitions, il est vrai, de continuer notre navigation jusqu'au Cap-de-Bonne-Esperance, aussi promptement & avec le moins de délais que cela se pourrait; mais l'état de nos malades empira considérablement après notre départ de Batavia; ce qui nous obligea, déjà huit jours après notre départ, à mouiller aux atterrages d'une île, nommée l'Ile-du-Prince, pour y prendre quelques rafraîchissemens.

Dès que le vaisseau fut affourché sur ses ancres, j'allai à terre avec nos compagnons de voyage. Au moment où nous mîmes le pied sur le rivage, nous rencontrâmes quelques Indiens, qui s'offrirent de nous mener au principal perfonnage de l'île qu'ils nommaient leur Raja ou Roi; nous acceptâmes leur propofition.

Lorsque nous fûmes parvenus devant fa Majefté, & qu'on fe fut fait de part & d'autre les premières politeffes, nous en vinmes à l'objet principal, favoir l'achat de vivres. Ce dont nous avions le plus d'envie, c'étaient des tortues, mais nous ne pûmes alors nous accorder fur le prix. Cela ne nous inquiéta cependant pas; car nous prévîmes, que le lendemain matin les habitans viendraient bien d'eux-mêmes, & ne refuferaient point d'accepter l'offre, qu'ils rejettaient ce jour-là. Dans cette attente, nous quittâmes Sa Majefté Indienne, & reprîmes le chemin du vaiffeau. Nous prîmes notre route le long du rivage pour chercher une aiguade. Nous y réuffîmes parfaitement, & au moment où nous allions remonter dans la chaloupe, quelques Indiens vinrent nous vendre trois tortues à un fort jufte prix, mais fous condition expreffe, que nous n'en dirions rien à leur Roi.

Le lendemain, ce que nous avions prévu arriva; on nous apporta des tortues en quantité, & lorfqu'on vit que nous nous en tenions obftinément au prix que nous avions d'abord offert, on s'en contenta. Mr. Banks alla voir, ce jour-là, le Roi dans fon palais d'été, c'eft à-dire dans une cabane dreffée au milieu d'une rifière. Sa Majefté le reçut très-gracieufement, quoiqu'Elle eût beaucoup d'affaires, étant occupée à apprêter Elle-même fon fouper.

Le lendemain, les indigènes continuerent à nous apporter en vente, non feulement des tortues, mais auffi de la volaille, des poiffons, des finges, de petits chevreuils & une quantité de fruits. Mr Banks avait cependant appris, que les Indiens avaient bâti une ville à une certaine diftance de notre ancrage, & il lui prit envie d'aller la voir. Il partit donc accompagné d'un

de nos officiers. Il réuſſit auſſi à la trouver,
quoique les Indiens, qui paraiſſaient voir de
mauvais œil, qu'on éxaminât ſi avant, l'intérieur de leur pays, fiſſent difficulté de l'y conduire. Ce lieu eſt formé d'environ quatre
cents habitations, & eſt traverſé par une rivière. On leur fit paſſer cette rivière qui eſt très-
rapide, dans un double canot, non ſans peine
& même ſans quelque danger. Le peuple les
reçut là très - amicalement, & leur fit voir les
principales habitations ; mais on ne leur en
montra que le dehors, parceque dans cette
ſaiſon les propriétaires n'y habitent point.
Ils vont alors s'établir ſur leurs riſières, pour
les garantir des ſinges & des oiſeaux. Après
avoir ſatisfait leur curioſité, ces Meſſieurs
louerent un canot, & revinrent au vaiſſeau
en deſcendant la rivière.

Cependant on avait volé une hache à nos
gens, tandis qu'ils étaient occupés à terre
à faire de l'eau & à couper du bois. Nous
nous en plaignîmes d'abord au Roi, &
après quelques pour-parlers, Sa Majeſté
promit qu'on rapporterait la hache le lendemain, ce qui fut effectivement executé.

Cependant le commerce continuait ſans interruption : nous achetions tous les jours
deux à trois quintaux de tortues, de la
volaille & d'autres vivres, de ſorte que nous
nous pourvûmes au mieux pour le reſte

de notre voyage. Le neuvième jour de notre arrivée nous fûmes prêts à remettre à
la voile ; & le lendemain, nous levâmes
l'ancre, & remîmes en mer, avec un léger
vent de Nord-Eſt.

L'île-du-Prince, ou, ſuivant ſon nom en
langue malaye, *Pulo Selan*, n'eſt pas fort
grande, & ſe trouve à l'extrêmité occidentale du détroit de la Sonde La plus grande
partie en eſt couverte de bois; il n'y a que
quelques endroits que l'on a défrichés pour
y établir des riſières. Les productions naturelles de cette île conſiſtent en cocos, en
platanes, en melons d'eau, en citrouilles,
en ananas, en racines d'ignames, en ris,
en tortues, en volailles , & en petits chevreuils.

Les habitans ſont originaires de l'île de
Java. Leurs mœurs ſont à-peu près les mêmes que celles des Indiers dans les environs de Batavia. Ils profeſſent la religion
mahométane ; cependant je ne penſe pas
qu'il y ait une ſeule moſquée, ou égliſe
mahométane, dans toute l'île. Nous y ſé-
journâmes préciſément dans le tems du
jeune, que les Turcs nomment *Ramadan* ;
& ils paraiſſaient obſerver très-rigoureuſe-
ment Il n'y en eut pas un, qui voulût
manger un morceau juſqu'après le coucher
du ſoleil ; pas même mâcher du bétel,

Le caractère des habitans nous parut fort integre ; au moins faisaient ils le commerce avec beaucoup de probité : feulement ils demandaient d'abord un trop haut prix de leurs denrées, comme cela fe fait prefque partout. Il eût été fort incommode & fort long de marchander pour chaque bagatelle avec chacun en particulier : c'eft pourquoi, au parfait contentement des deux parties, nous imaginâmes l'expédient que voici. Ils mettaient enfemble toutes les denrées de la même efpece qu'ils apportaient ; & dès que nous étions convenus du prix de toute la maffe, nous en payions l'argent à un des Indiens, & ils le partageaient enfuite entre-eux, à raifon de la part que chacun avait eue à la maffe vendue. On peut en conclure, qu'ils ne font pas tout à fait ignorans en arithmétique.

En voilà affez fur leur compte : car je vois bien, qu'il eft temps de finir la longue relation de notre long voyage. J'en abrége-rai donc le refte autant que je pourrai.

A notre départ de l'île-du-Prince, nous avions encore une quantité de malades à bord, & nous fûmes obligés d'en abandon-ner encore aux flots quelques-uns qui étaient morts à bord du navire. Mais dès que nous fûmes arrivés dans la région de la mouffon, les maladies diminuerent fenfibiement, & il y eut beaucoup de malades qui fe rétablirent encore avant notre arrivée au Cap-de-Bonne-Efpérance.

Nous y arrivâmes heureufement, après un trajet de deux mois, & nous y mouillâmes. J'allai moi même incontinent à terre rendre mes devoirs au gouverneur, duquel je reçus l'affurance qu'il nous ferait fournir tout ce dont nous aurions befoin. Mon premier foin fut de procurer une habitation convenable & commode à nos malades; & je réuffis à trouver une maifon, où l'on voulut bien les recevoir & leur fournir le logement & la nourriture.

Nous féjournâmes un mois entier au Cap, tant pour y attendre le rétabliffement de nos gens, que pour faire radouber convenablement notre vaiffeau. Je ne rapporterai que quelques-unes des obfervations que nous eûmes occafion d'y faire, attendu que nous donnerons, dans un des volumes de cet ouvrage qui fuivront, une defcription détaillée de cette colonie hollandaife, ainfi que des naturels du pays.

Dans la plupart des relations de voyage, où il eft fait mention de cette extrêmité méridionale de l'Afrique, on fait une defcription ravifante des agrémens & de a fertilité du pays. Quant à nous, nous ne faurions confirmer ce rapport par notre témoignage. Au contraire, nous fommes obligés d'a-vouer, que nous n'avons trouvé aucun pays, dans tout notre voyage qui offre une afpect plus trifte, & qui ait plus l'air d'un ftérile défert. La prefqu'île qui forme la dernière extrêmité de l'Afrique, confifte en montagnes élévées, entièrement nues & défertes. Derrière ces montagnes on voit un ifthme, qui forme une vafte plaine; mais celle-ci confifte en un fable de mer léger, qui ne produit que de la bruyère, & qui ne faurait être aucunement cultivé. On a fait, du petit nombre d'emplacemens, qu'on a pu y rendre fertiles, des vigno-bles, des vergers & des jardins potagers. Mais ces emplacemens fertiles font tous petits, ifolés & affez éloignés les uns des autres. Plus avant dans les terres, tout eft, nous a-t-on dit, fur le même pied. Auffi les colons hollandais vivent-ils difperfés au loin les uns des autres. Durant notre fé-jour nous vimes venir au Cap un payfan de l'interieur du pays, & qui habitait à quinze journées de diftance de cette ville. Il avait amené avec lui fes jeunes enfans. Cela nous étonna, & nous lui demandâ-mes, pourquoi il n'avait pas préféré de les laiffer chez quelque voifin. ,,Un voifin?" repliqua notre homme; ,,mon plus proche voifin habite à cinq journées de chez moi."

Quel effroyable défert ne doit-ce pas être, qu'un pays, où ceux qui vivent de l'agriculture & de leur bétail, font obligés de s'établir à une telle diftance les uns des autres, à caufe de fon aridité ! Il exifte un fecond indice de la ftérilité du fol ; c'eft le défaut de bois. A l'exception des jardins fitués dans le voifinage de la ville, & qui ont été fécondés par l'art & par l'induftrie, on ne rencontre pas un arbre qui ait fix pieds de haut.

La feule ville que les Hollandais aient bâtie dans cette contrée, fe nomme le Cap, parcequ'elle eft fituée fur le promontoire. Elle peut contenir mille maifons, qui font toutes affez joliment bâties en briques. Mais les toîts n'en font couverts que de chaûme, parceque toute autre couverture de tuiles ou d'ardoifes, ne pourrait réfifter à la violence des vents auxquels cette contrée eft expofée. Les rues font larges & commodes, & elles fe croifent toutes à angles droits. La principale contient un canal, bordé des deux côtés d'un rang de chênes, qui y font fort bien venû & qui donnent un ombrage agréable.

La plupart des habitans de cette ville font Hollandais. Mais tous les propriétaires de maifons y gagnent leur vie à loger des étrangers qui arrivent ; ils ont peu à peu tellement adopté les mœurs de toutes les nations, qu'à peine voit-on encore percer leur caractère national. Il n'y a que les femmes qui soient restées fideles aux modes & aux usages de leur patrie, au point d'en devenir quelquefois un peu ridicules. Aucune dame, par exemple, ne sort de chez elle qu'elle ne se fasse porter sa chaufferette par une servante, pour la mettre sous ses pieds dès qu'elle s'asseie. Cet usage est d'autant plus comique, que communément, elles n'y ont pas une seule étincelle de feu, duquel on peut aussi fort bien se passer, à cause de la chaleur du climat.

L'air est sain dans ces contrées, au point que ceux qui y arrivent malades d'Europe, y reprennent communément leur santé. Mais il n'en est pas tout à fait de même à l'égard des malades qui viennent des Indes.

A l'extrémité de la ville, il y a un grand jardin qui appartient à la compagnie. Il est plein des belles allées, qui se croisent à angles droits. Elles sont formées par des chênes, élevés en haies, & que l'on taille de même. Ce n'est qu'au milieu qu'on a laissé prendre à ces arbres tout leur accroissement. La plus grande partie de ce jardin est pleine de légumes. Il y a cependant des quartiers où l'on entretient des **plantes éxotiques. Au bout du jardin est** une ménagerie, qui contient une quantité d'oifeaux & de quadrupédes. qu'on ne voit jamais en Europe. Nous y vîmes entre autres un animal que les Hottentots nomment *Kuh-Duh.* Il eft de la taille d'un cheval, & porte un bois bien contourné, qui lui donne un afpeft fuperbe.

Quant aux naturels du pays, qu'on nomme Hottentots, je m'abftiens de placer ici les obfervations que nous fîmes à leur égard, & ce que nous apprîmes de leurs mœurs & de leurs ufages, parcequ'on en donnera bientôt dans ce recueil de voyages, une defcription plus exacte & plus détaillée, que je ne pourrais la donner actuellement.

Nous quittâmes le Cap le 14 Avril 1771, & nous parvînmes e même jour à l'île des Penguins ou de Robin, où nous mouillâmes, pour acheter enc re quelques gatelles, que nous avions oublé de prendre au Cap. J'envoyai une chaloupe dans ce deffein; mais un parti de Hollandais armés vint s'oppofer à fon abord, en avertiffant l'équipage, de ne point approcher, fou te de quoi l'on ferait obligé de faire feu fur lui. Ce que nous fouhaitions d'acheter, n'étant au bout du compte que des chofes dont nous pouvions nous paffer, l'Officier **qui commandait la chaloupe ne crut point** devoir expofer la vie de fes gens dans cette occafion, & revint par conféquent au vaiffeau. Voici apparemment la raifon, pour laquelle on refufa de laiffer approcher notre chaloupe. Les Hollandais envoient du Cap dans cette petite île, les criminels condamnés pour quelques années aux travaux publics, & qu'on emploie à y tirer des pierres à chaux du fein de la terre. Or il y eut une fois un vaiffeau Danois, qui ayant perdu la plus grande partie de fes équipages par des maladies, vint à cette île, & fit enlever par force autant de ces criminels qu'il lui en fallait pour les compléter. Il fe peut que les Hollandais ayent donné ordre, depuis ce tems-là, à la garnifon qu'ils y entretiennent, de ne plus laiffer aborder aucune chaloupe de telle nation que ce foit.

Nous cinglâmes alors en droiture vers notre patrie; mais tous ceux qui étaient avec nous ne devaient pas jouir du bonheur de la revoir. Environ une heure après notre départ de l'île-Robin, Mr. Molineux, notre pilote, mourut; & Mr Hicks, notre premier Lieutenant, qui était parti d'Angleterre avec le germe de la confomption, empirait journellement. Mr. Molineux était une jeune homme, de beaucoup de capacité; mais malheureufement il s'était livré à des excès, qui abregerent fes jours, tandis qu'il aurait pu fe rendre encore fort utile à fa patrie & à la fociété. Puiffe fon fort fervir d'exemple inftructif à tous les jeunes gens qui feraient tentes d'abandonner les fentiers de la vertu & de la décence!

Le 1 May, nous vîmes Ste Héléne, & le même jour, nous mouillâmes à la rade de cette île, pour prendre des rafraîchiffemens.

Ste Héléne appartient aux Anglais, & eft fituée presqu'à une égale diftance de l'Afrique & de l'Amérique, mais plus près cependant, de l'ancien continent que du nouveau. Mes jeunes lecteurs pourront trouver cette île fur toutes les mappe-mondes. Elle forme le plateau d'une montagne énorme, qui s'éleve à pic du fein de la mer, comme on peut le connaitre, en ce que la mer n'offre nulle part du fond, dans toute fa circonférence. Au refte, elle a douze lieues marines de long, fur fix de large.

La ville, fituée au bord de la mer, eft affez mal bâtie. Nous trouvâmes l'églife & la maifon de ville, tombées en ruine. Tous les habitans blanc en font Anglais, & leur induftrie confifte à fournir de rafraîchiffemens aux vaiffeaux qui y viennent aborder. Toute efpece de travail s'y fait

par des efclaves. Car quoiqu'on ait un petit nombre de chevaux dans l'île, on ne
s'en fert que pour les monter. On n'y a
d'ailleurs aucune idée de machines ou d'inftrumens pour faciliter le travail; pas même
d'une feule machine un peu confidérable
de charroi. Il faut donc que les pauvres
efclaves exécutent tout par leurs feules forces, qu'ils transportent tout fur leur dos;
& l'on ne leur donne pas feulement le fimple adouciffement d'un couffinet. On apporte ces malheureufes créatures de toutes
les parties du monde dans cette île, pour
les y vendre, & il en périt un nombre
prodigieufe annuellement foit par le travail
exceffif, foit par l'effet des mauvais trai-
temens. Je fuis fâché d'être obligé d'a-
vouer ici publiquement, à la honte de mes
compatriotes qui font dans cette île, que
j'y ai vu beaucoup plus d'exemples d'une
cruauté fans bornes & exercée de pure
gaîté de cœur, que parmi les Hollandais
foit à Batavia, foit au Cap: quoiqu'on reproche partout à cette nation & peut-être
avec raifon, qu'elle a renoncé à toute humanité, lorfqu'il s'agit de fon intérêt.

L'ébène forme une des productions les
plus précieufes de cette île. Mes jeunes
lecteurs fauront fans doute, que c'eft une
efpece de bois remarquable par fa couleur

qui eſt noir de jais ; & par ſon extrême dureté. Il eſt ſeulement dommage, qu'on n'ait pas eu ſoin de multiplier ces arbres utiles dans cette île, de ſorte qu'il eſt à craindre, que l'eſpece n'en ſoit à la fin entièrement détruite.

Aprés nous y être arrêtés quatre jours, nous remîmes à la voile, de conſerve avec treize autres vaiſſeaux. De ce nombre était le *Portland*, vaiſſeau de guerre anglais ; les autres étaient des navires de la compagnie des Indes.

Durant quelques jours, nous fîmes notre poſſible pour ne pas nous écarter d'eux ; mais l'état délabré de nos vaiſſeaux nous mettait dans l'impoſſibilité de faire voile auſſi promptement ; & il y avait lieu de croire qu'ils arriveraient en Angleterre avant nous. Je fis donc un ſignal au *Portland*, que je ſouhaitais de parler à quelqu'un de ſon bord. Mr. Elliot, capitaine de ce vaiſſeau, ſe rendit lui-même au mien, & je lui remis une lettre pour l'Amirauté, avec une caiſſette dans laquelle ſe trouvaient les comptes du vaiſſeau, & les journaux de quelques-uns de mes officiers. Quelques jours après, nous perdîmes tous ces bâtimens de vue.

Ce fut dans ce tems-là, que mon brave premier Lieutenant, Mr. Hull ; &

nous le dépofâmes dans le feins des flots, avec les folemnités d'ufage.

L'état de notre vaifieau empirait cependant vifiblement. Nos agrèts & nos voiles étaient tellement ufés, que chaque jour il fe déchirait tantôt l'un tantôt l'autre, & que ces effets ne pouvaient plus fervir. Nous n'en continuâmes pas moins notre navigation fans accident confidérable; & le 6 Juin, Nicolas Young, le même mouffe qui avait vu le prémier la Nouvelle-Seelande, découvrit Cap Lizard, qui eft l'extrèmité occidentale de l'Angleterre. Le 11, nous remontâmes la Manche, le 12, nous entrâmes dans le pas-de-Calais; encore le même jour, nous mouillâmes aux Dunes, & mîmes pied à terre à Deal.